목숨 바쳐 나라를 사랑한 선비

왕산 허위

목숨 바쳐 나라를 사랑한 선비 왕산 허위

초판 제1쇄 인쇄 2014. 12. 24.
초판 제1쇄 발행 2014. 12. 30.

지은이 　권 대 웅
펴낸이 　김 경 희

경 　영 　강 숙 자
편 　집 　김 동 석
영 　업 　문 영 준
관 　리 　문 암 식
경 　리 　김 양 헌

펴낸곳 　(주)지식산업사
　　　　본사 ● 413 － 120, 경기도 파주시 광인사길 53
　　　　　　　전화 (031)955 － 4226~7 팩스 (031)955 － 4228
　　　　서울사무소 ● 110 － 040, 서울시 종로구 자하문로6길 18-7
　　　　　　　전화 (02)734 － 1978 팩스 (02)720 － 7900
　　　　한글문패 　지식산업사
　　　　영문문패 　www.jisik.co.kr
　　　　전자우편 　jsp@jisik.co.kr
　　　　등록번호 　1 － 363
　　　　등록날짜 　1969. 5. 8.

책값은 뒤표지에 있습니다.

이 책을 읽고 저자에게 문의하고자 하는 이는
지식산업사 전자우편으로 연락바랍니다.

이 책은 국가보훈처의 보조금 지원으로 발간되었으나 그 세부내용은 국가보훈처의 견해와
다를 수 있습니다.

목숨 바쳐 나라를 사랑한 선비

왕산 허위

권대웅

지식산업사

책머리에

나는 독립운동사 공부를 시작하면서부터 왕산 허위에 관심을 두고 자료 조사와 현지답사를 해왔다. 그 과정에서 〈김산의진고金山義陣考〉(1990)와 〈한말 김천지역의 국권회복운동〉(2003)을 논문으로 발표하였고, 구미시와 안동대학교박물관에서 발간하였던 《왕산 허위의 나라사랑과 의병전쟁》(김희곤 외, 2005)의 공동 저자로 참여하기도 했다. 이 책의 초고를 끝내고 만주 일원을 답사했다. 연길−목단강−밀산 등 북만주, 심양−무순−신빈−환인−단동−백산−통화−유하 등 남만주를 둘러보았다. 1910년대 망명했던 영남 유생들의 독립운동기지 건설에 대한 평소의 관심을 해결하고 싶었기 때문이었다. 동시에 왕산 허위 일가의 흔적을 확인하는 데도 관심을 두었다.

왕산 선생이 순국한 뒤 그 유족과 숙형 허겸許蒹을 비롯한 일가들은 압록강을 건넜다. 더욱이 허겸과 그 종형제간인 허형許蘅·허필許苾 등은 일가를 이끌고 남·북만주 각처를 전전하

4

며 정착과 독립운동기지 건설에 참여하였고, 그 아들들도 독립운동에 일생을 바쳤다. 그 가운데 일부는 러시아로 옮겨가 지금도 그 후손들이 그곳에 살고 있다. 이들이 망명 생활을 했던 통화현 당황구唐荒溝를 비롯하여 합니하哈泥河·이도구二道溝·유하현柳河縣 전수하자前樹河子 등지를 둘러보았지만 허위 일가의 흔적은 찾을 길이 없었다.

경상북도 구미시 임은동의 김해허씨는 대대로 쌓아올린 명문의 전통과 영화를 국가와 민족을 위해 바쳤다. 허위가 순국한 뒤 1909년 장자 허학許𤐵이 만주로 떠나고, 그 뒤를 이어 일가의 망명이 이어졌다. 조국 강산을 뒤로 하고 떠나는 일가의 모습과 이역만리 만주 땅에서 콩과 서속黍粟을 심어 생활하는 모습에서, 명문가의 전통과 영화는 가슴 아픈 집안의 슬픈 이야기로만 남았다.

이 책에 김해허씨 집안의 장엄하고 슬픈 이야기를 담고자 했다. 그러나 가슴속에 있는 그 이야기를 모두 옮겨 글로 형상화할 수 없는 한계 때문에 안타까웠다. 그동안 수집했던 자료와 현지답사로 확인하였던 사실을 무딘 글로 겨우 엮었을 뿐이다.

이 글은 국권 회복을 염원했던 왕산 선생의 뜻을 기리고자 쓴 한 권의 평전이다. 그가 국권 회복에 투신했던 사대부 출신 의병장으로서 투쟁과 순국을 통해 보여준 애국 충절이 다

만 한 집안의 슬픈 이야기나 명문가의 꿈을 넘어 겨레의 거룩
한 스승으로 청사靑史에 길이 기억되기를 바란다.

2014년 12월

범물동에서 용지봉을 바라보며

권대웅

차 례

제1장
출생과 성장

1. 선산 임은리에서 태어나다

허위 초상화

왕산 허위(1855~1908)는 1855년 4월 2일 경상북도 선산군善山郡 구미면龜尾面 임은리林隱里(지금의 구미시 임은동)에서 아버지 청추헌聽秋軒 허조許祚와 어머니 정부인貞夫人 진성이씨 사이에서 훈薰(舫山)·신蓋(露洲)·겸蒹(性山)·위蔿(旺山) 4형제 가운데 막내로 태어났다.[1] 본관은 김해인데, 선대부터 김해에서 세거世居하다가 1807년(순조 7) 증조부 불고헌不孤軒 돈暾(1753~1815) 때에 금오산金烏山 아래 임은

---

1 《금주허씨 임은파보》, 1987.

허위 생가 터

리로 옮겨왔다.[2]

허위의 증조부 허돈은 학문을 숭상하여 1810년 생원시에 합격하였고, 경제에 관심을 기울여 집안을 일으켰다. 그는 일찍부터 낙동강의 선운船運에 종사하여 남쪽의 해산물을 서울로 운수運輸하고 서울의 물화物貨를 사들여 다른 곳과 교역하였다. 그러다가 선산 임은林隱에 장토를 마련하였고 가족을 이주시켜 김해허씨의 세거지를 마련하였다.[3] 세간에서는 이들을 임

---

2 〈부록〉 '만사', 《왕산선생문집》 권2.

3 이우성, 〈해제〉, 《국역방산전집》, 성균관대학교 대동문화연구원, 1982.

허위 집안 가계도

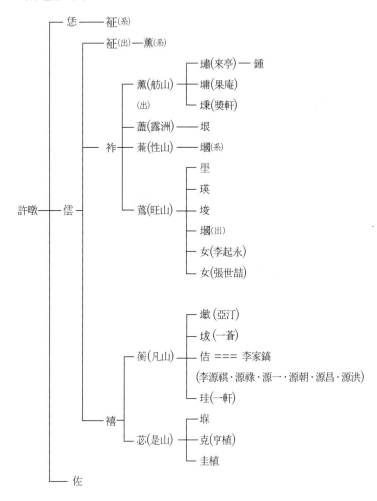

은 허씨로 부르기도 한다.

허돈은 부인 철성이씨 사이에서 임惔·운僾·좌佐 등 3남 2녀를 두었다. 맏아들인 태초당太初堂 허임(허위의 종조부)은 1813년 진사시에 합격하였으며, 글씨가 뛰어나 영남에서 임은 허씨의 명성을 떨쳤다.[4] 둘째 아들인 허운(1789~1830, 허위의 조부)은 중년 이후 과거를 포기하고 전장田莊의 경영과 자손들의 교육에 힘을 기울였다.[5]

허위의 조부 허운은 부인 청주정씨 사이에서 정𤧚·조袏·희禧 등 3남 1녀를 두었다. 맏아들 허정은 백부 허임의 양자가 되었는데, 그도 후사가 없어 조카 허훈을 양자로 들였다. 둘째 허조(1817~1881)는 허훈을 비롯하여 허신·허겸·허위 등 4형제를 두었다. 막내 허희는 허형許蘅과 허필許苾을 슬하에 두었다.[6]

허위의 맏형 허훈(1836~1907)은 영남 유림의 종장宗匠으로 문장의 대가였다. 1894년 동학농민군을 피해 청송군 진보로 옮겨가서 은거하다가 1896년 그곳에서 의병을 일으켰다. 둘째 형 허신(1843~1870)은 문재文才가 뛰어났으나 28세에 요절

---

4 〈序〉,《국역방산전집》권16.

5 〈行狀〉,《국역방산전집》권22.

6 《금주허씨 임은파보》, 1987.

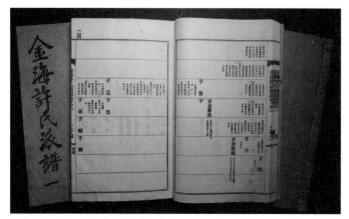

허위 집안 족보(왕산허위선생기념관 제공)

하여 뚜렷한 발자취는 세상에 남기지 못했다. 셋째 형 성산 허
겸(1851~1940)은 혁爀·노魯·환煥 등의 이름을 쓰기도 했는데,
형 허훈과 동생 허위가 이끄는 의병 항쟁에 참가하였고, 일제
가 나라를 강점하자 가족을 이끌고 만주로 망명하여 독립운동
에 헌신하였다.[7]

허위는 형제 가운데 경륜이 가장 두드러진 인물로, 구한말
대표적인 의병장이었다. 그는 1896년 허훈이 진보에서 의병을
일으키자 곧 고향인 선산으로 달려가 의병 부대를 조직하고 김

7 권대웅, 〈왕산 허위의 전기의병전쟁〉, 《왕산 허위의 나라사랑과 의병
전쟁》, 구미시·안동대학교박물관, 2005.

산(김천)에서 선산·상주·김산·지례·개령 등지의 유생들과 함께 연합 의병을 결성하였다.

을미의병 이후, 허위는 신기선의 천거로 1899년 환구단圜丘壇 참봉參奉을 시작으로 1904년 5월 평리원平理院 수반판사首班判事, 8월 의정부議政府 참찬參贊, 1905년 3월 비서원승秘書院丞 등을 두루 거쳤다. 1907년 9월에는 경기도 연천에서 창의倡義하여 같은 해 11월 13도창의군을 조직했고, 1908년 1월 서울진공작전을 지휘하여 동대문 밖 30리까지 진격해 일본군과 전투를 벌였다.

허위가 1904년 8월 의정부議政府 참찬參贊이 되면서 증조부 허돈은 규장각 부제학, 조부 허운은 비서원승, 아버지 허조는 의정부 참찬, 어머니 진성이씨는 정부인에 각각 추증되었다.[8]

이처럼 허위를 비롯하여 맏형 허훈과 둘째 형 허겸 등이 관직에 나아가면서 선산 임은의 김해허씨는 영남을 대표하는 명문가로 부상하였다. 여기에는 아버지 허조와 어머니 진성이씨의 자녀 교육과 재산 경영, 많은 선행으로 쌓은 덕망도 한몫을 하였다.

아버지 허조는 그의 큰아버지였던 허임의 문하에서 수학하였고, 1864년 증광시에 합격하여 진사가 되었다. 그는 고향에서

---

8 〈敍任 及 辭令〉,《관보》1908년 8월 19일.

향약鄕約을 실시하여 풍속을 교화하였고, 서당을 열어 서생書生들을 가르쳤다. 그뿐만 아니라 남에게 베풀기를 좋아하여 사정이 어려운 사람을 보면 구제해주었고, 가난해서 배우지 못한 사람이 있으면 글을 가르쳐 선비가 되도록 도와주었다. 어느 해 겨울밤에는 밥을 얻으려고 다니다가 추위를 이기지 못하고 쓰러진 나병 환자를 불러들여 하룻밤을 재워주기도 하였다.[9]

어머니 진성이씨(1815~1872)는 퇴계 이황의 11세손 이휘수李彙壽의 딸로써 바른 법도로 자녀를 양육하였는데, 항상 옛사람의 좋은 말과 착한 행실을 예로 들어 가르쳤다. 남편 허조가 여러 차례 향시鄕試에 합격하고도 오래도록 사마시에 급제하지 못하자, 그 사이 집안 살림이 기울지 않도록 온 힘을 쏟았다. 그뿐만 아니라 책 보기를 좋아하여 《내칙內則》·《효경孝經》·《열녀전烈女傳》 같은 책을 많이 읽고 외웠다. 또한 어릴 때부터 선행을 많이 쌓았는데, 거지인 여자아이가 누더기를 입고 추위에 떨고 있는 것을 보고, 입고 있던 새 옷을 벗어 그 아이에게 입혀주기도 하였다.[10]

허위의 형제들은 학문적으로 모두 출중한 인재들이었고 경륜

---

9 〈行狀〉,《국역방산전집》 권22.

10 〈丘墓文〉,《국역방산전집》 권20.

또한 세상에 자자하였다. 그래서 일찍이 허훈과 허위를 가리켜 세상 사람들은 난형난제難兄難弟라고 하였다. 1904년 대한제국의 황제 고종도 허위 형제들의 명성을 듣고, 허위에게 묻기도 했다.

지난달 궁궐에 들어갔을 때, 임금이 "너의 맏형은 나이가 몇 인가." 하시기에 "예순 아홉입니다."라고 했습니다.

임금이 "그의 재주와 덕이 과연 어떠하냐." 하시기에 "신이 감히 말씀드리지 못하오나, 선비들의 의논은 당세에 쌍이 없다고 추앙합니다." 하고 대답했습니다.

임금이 "네가 본시 사四형제이냐." "그러하옵니다."

"모두 무슨 업業을 하느냐." "유학에 종사했으나, 중형仲兄은 사망했습니다."

"너의 셋째 형의 이름이 엽爗이라 했느냐." "혁爀으로 고쳤습니다."

"너의 여러 형제에 대해 내가 소문을 들은 지 오래되었다."

"황공하옵니다." 라고 하였습니다.

그 뒤에 잇달아 나라에 상척喪慽을 만나 궁궐에 들어가지 못했기에, 겸촉자로는 아직도 상주上奏하지 못했습니다.[11]

---

11 〈書〉'上叔兄書',《왕산선생문집》권1.

이와 같이 고종이 허위의 형제들에 대해 지극한 관심을 보였던 것은 당시 이들 형제의 충군애국忠君愛國, 그리고 세상에 자자한 경륜과 명망에서 비롯된 것이었다.

허위 형제들의 우애는 지극하였다. 갑오년 동학 농민의 봉기에 즈음하여 허훈이 청송군 진보로 이주하면서 형제들은 서로 떨어져 살게 되었다. 1896년 김천에서 창의한 뒤 허위가 형에게 보낸 편지나 허훈이 1897년 아우 허겸에게 보낸 편지, 그리고 1905년 허훈이 아우 허위에게 보낸 편지를 보면, 서로 사모하고 걱정하는 마음이 지극하였음을 엿볼 수 있다.[12]

맏형 허훈은 1905년 3천 마지기의 토지를 팔아 허위가 계획하던 의병 창의를 지원하였고, 셋째 형 허겸도 1896년 아우 허위와 함께 김산의진과 맏형 허훈이 결성한 진보의진에 참여하였으며, 1907년 9월에는 경기도 연천에서 창의한 아우 허위를 도와 의병 항쟁을 펼쳤다.

더욱이 허위는 당시 큰 유학자로 이름이 높았던 맏형 허훈에게 학문을 배운 전통적인 유생이었다. 그의 경륜과 포부는 성리학적 유생에 머물지 않는 경세가였다. 게다가 관직에 나아간 그는 망국 사태에 저항하여 혁신적이고 진보적인 유림으로서

---

12 〈書〉'與弟義契蕖(丁酉) 및 與弟季馨(乙巳)', 《왕산선생문집》 권1,
〈書〉'上叔兄書', 《국역방산전집》 권11.

경세철학을 펼치기도 했다. 나아가 그는 국권 회복에 투신한 의병장으로서 투쟁과 순국을 통해 망국지사의 애국충절을 보여주었다.

2. 유생으로 이름을 떨치다

총명하고 슬기롭던 허위는 다섯 살에 문자를 깨우치고, 일곱 살에 숙부 해초공海樵公 희희禧에게 글을 배우기 시작하면서 비범함을 드러냈다. 그는 항상 글을 읽고 시 짓기를 좋아해서 종종 어른들을 감탄케 했다. 그는 다섯 살 때 다음과 같은 시詩 문구文句를 만들어 사람들을 놀라게 하였다.[13]

달은 대장군이 되고   月爲大將軍
별은 만병으로 따르네.   星爲萬兵隨

또 열 살 전의 것으로 다음과 같은 시도 있다.

---

13 〈행장〉, 《왕산선생문집》 권2.

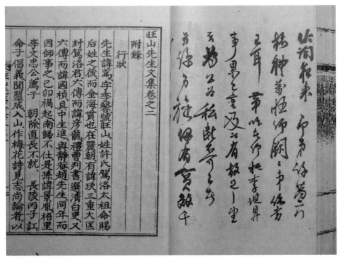

《왕산선생문집》(왕산허위선생기념관 제공)

꽃을 꺾으니 봄이 손안에 있고   折花春在手

물을 길어오니 달이 집 안으로 들어왔네.   汲水月人家

　허위는 집안 어른들의 기대를 한 몸에 받으며 맏형 허훈에게
학문을 배웠다. 그는 11살에 옛날 《소미가숙통감절요小微家熟
通鑑節要》 가운데 나오는 인물의 선악과 성패를 능히 비평할 줄
알았으며, 15세에는 《시경詩經》·《서경書經》·《역경易經》 등을 읽
었다. 또한 천문·지리·병진兵陣·산수 등을 깨우치고, 《춘추春

秋》·《자치통감강목資治通鑑綱目》과 《육도삼략六韜三略》을 익히는
데 더욱 힘을 기울였다.[14]

맏형 허훈은 가학에서 출발하여 성재性齋 허전許傳과 계당溪
堂 류주목柳疇睦의 문하에서 공부함으로써 근기학파近畿學派와
영남학파嶺南學派의 학문을 두루 익혔다. 임은의 김해허씨 가
문은 일찍부터 근기 지방의 남인들과 인연을 맺고 있었다. 증
조부 허돈은 미수眉叟 허목許穆의 문하에 출입하였고, 종조부
허임은 채제공蔡濟恭의 문인門人들과 교유하였다. 허임은 1813년
진사시에 합격하고 여러 번 벼슬에 천거되었으나 나아가지 않
았던 대유大儒였다.

허훈은 태초당 허임에게서 가학을 이어받았다. 그는 29세에
김해 부사로 부임한 성재性齋 허전許傳의 문인이 되어 미수 허
목과 성호星湖 이익李瀷으로 이어지는 근기 남인의 학풍을 계
승하였고, 나아가 서애西厓 류성룡柳成龍의 학통을 계승한 류주
목柳疇睦의 문인이 되어 영남학파의 학문까지도 섭렵하였다.[15]
허훈에게서 학문을 배운 허위 역시 근기학파와 영남학파의 학
문 경향을 두루 섭렵하여 지식주의·실용주의를 익혔다.

---

14 〈행장〉,《왕산선생문집》권2.

15 〈가장〉,《방산전집》권23; 이우성, 〈해제〉,《국역방산전집》, 성균관
대학교 대동문화연구원, 1982.

허위는 15세 되던 1869년 순천박씨 박수현朴壽鉉의 딸과 결혼하였지만 22세에 부인을 잃어, 24세에 평산신씨 신재영申在英의 딸과 재혼하였다.[16] 1881년(27세)에는 아버지를 여읜 뒤 10년 동안 학문에 전념하며 후배들을 가르치는 데 힘을 기울였다.

그는 16세가 되던 1870년 부지암정사不知嚴精舍에서 사미헌四未軒 장복추張福樞가 강회를 열자 여기에 참석하였다. 이때 인근 고을에서 참석한 선비가 백여 명에 이르렀는데, 여기에서 두각을 드러내며 이름을 크게 떨치게 되었다.[17]

허위는 전통적인 유생으로 인간적인 포부와 경륜이 뛰어난 인물이었다. 그뿐만 아니라 허훈에게 학문을 배웠지만 경학보다는 병서를 좋아하여 실용주의에 기울어져 있었다. 일찍이 허위를 가르친 허훈은 거의 20년 아래의 아우에 대하여, 다음과 같이 극찬하였다.

유교의 학문에서는 내가 아우에게 양보할 것이 없지마는, 포부와 경륜에서는 내가 아우에게 미치지 못한다.〔吾儒之學 我不讓君 四方之志 我不及君〕[18]

---

16 외솔회, 〈왕산 허위 해적이〉, 《나라사랑》 27, 1977.

17 〈행장〉, 《왕산선생문집》 권2.

18 〈행장〉, 《왕산선생문집》 권2.

허훈이 높이 평가한 아우 허위의 사방지지四方之志, 곧 경세와 경륜은 나라를 맡아 다스리고 백성을 구제(경국제민經國濟民)하는 실학實學에 대한 관심이었다. 이것은 임은동에 세거하던 허씨 가문의 가풍家風이 실용주의적이라는 것을 보여줄 뿐만 아니라, 그들의 학통이 근기학파의 실용적 경세학에 뿌리를 두고 있음을 알 수 있게 한다.[19]

3. 경세와 경륜을 펼치다

허위는 30대 후반인 1890년경 선산 임은을 떠나 진보 신한新漢으로 이주하였다. 이곳은 산수가 아름다운 곳이며, 일찍이 허훈이 집안의 전장田莊으로 마련해두었던 곳이었다. 허훈은 근기학파의 학맥을 계승하였지만, 퇴계 학맥이 주류를 이루는 영남학파의 분위기 속에서 공부하였다. 그래서 퇴계를 흠모한 그는 이곳에 터전을 마련하고, 아우 허위도 이곳으로 이주한 것이다.

이즈음 허위는 맏형 허훈에게서 경제적으로 독립하여 신한에

---

19 권대웅, 〈왕산 허위의 전기의병전쟁〉, 《왕산 허위의 나라사랑과 의병전쟁》, 구미시·안동대학교박물관, 2005.

있던 전장을 관리하기 시작했다. 허위는 전장을 경영하면서 실학에 관심을 기울였고, 여러 곳의 우국지사들과 교유관계를 넓히며 현실에 대한 인식을 더 철저히 하기 시작하였다.

1892년 진보 신한에서 맏형 허훈에게 올린 편지를 보면, 허위의 실학에 대한 관심은 이미 전장의 경영에 적용할 정도였다. 이러한 점이 허위가 뛰어난 자질을 갖춘 실용적인 경세가라는 것을 보여주고 있다.

〈형주 전상서(壬辰)〉

여름 들어서 편지를 처음 받자왔습니다. 이에 살피오니 여행 가운데 기체氣體가 만안萬安하시옵고 여러 집도 여전하니 매우 기쁩니다. 사제는 임은에 있을 때 하고많은 빚 문서를 헤어나지 못했고 산에 들어와서 땔나무까지 곤란해서 눈썹을 펴지 못하고 날을 넘기고 있습니다. 지금 보리가 비록 익으나 본래부터 수확할 것이 없는 것으로서 한결같이 군색窘塞함을 면하지 못하고 있습니다. 막내 조카 집 아이들이 번갈아 윤증輪症(장티푸스)을 앓아서 온 봄 내내 편한 날이 없었습니다. 요즈음에는 천령千齡을 제 젖먹이 아우와 함께 길렀다가 위험한 고비는 넘겼으나 뒷 조심이 없지 않습니다. 저는 신한新漢에 다시 와서 살고부터는 큰 이불, 긴 베개가 평생에 근래

만큼 화락和樂한 적이 없었습니다. ○○가 함께 하지 못함이 한스럽습니다. 걸아傑兒 혼인은 연당蓮塘 정씨鄭氏 집에 지냈는데 범절凡節이 매우 마음에 듭니다. 이곳 신한新漢 산수는 매우 아름답습니다. 땅은 메말라도 백성들이 검소해서 경솔하거나 천박한 풍습과 사납거나 넘치는 버릇이 아주 없습니다. 자손을 위해서는 터를 잡아 살 만한 곳이지만 생활할 근거가 아주 없어 눌러 살아갈 계획은 없습니다. 믿는 바는 오직 물레방아를 경영하는 일이지마는 자본이 없어서 이번 봄에는 설시設始할 수가 없고, 또한 전에 없던 가뭄을 당해서 더구나 탄식이 됩니다. 가을에는 더욱이 도모할 참이오나 돈을 끌어다 쓸 곳이 도무지 없으니 어찌하겠습니까. 양벽도梁碧濤가 청주淸州에 갔으나 또한 자본이 없어 크게 설시設始하지 못하고 겨우 시험했을 뿐인데 물이 과연 부딪쳐 올라서 비록 천섬지기 땅이라도 관개灌漑하기에는 염려 없다 했습니다. 그러나 금년 가을에는 이익을 얻을 것이 없습니다. 물레방아를 설치할 만한 곳은 여기보다 나은 데가 없습니다. 천 가까운 돈을 해변海邊에서 모쪼록 구해서 보낸 다음이라야 많은 식구를 보존하는 방책에 어김이 없을 것입니다. 하량하시고 반드시 시행하시기를 천만 복망伏望합니다. 숙부주 대상大祥 때에는 임은으로 갈 참입니다. 형님께서도 반드시 올라오시겠지

요. 나머지는 상답서上答書에 다 적지 못합니다.[20]

　진보의 신한은 현재 청송군 진보면眞寶面 광덕리光德里로, 산간지대에 자리 잡고 있다. 1894년 선산 임은에서 허훈이 동학농민군을 피해 진보의 흥구로 이거하기 이전인 1892년, 허위는 이미 신한에서 전장을 경영하고 있었다. 이때 허위는 벽도碧濤 양제안梁濟安(1851~1919)의 도움을 받아 물레방아[水輪機]를 설치하여 관개灌漑를 시도하였다.

　우선 주목되는 것이 양제안과 만난 일이었다. 양제안은 1896년 김산의진에서 허위와 함께 창의에 참여한 인물로 용력

20　〈서〉 '兄主前上書(壬辰)', 《국역허위전집》 권1; 이 서간은 《왕산선생문집》에 실리지 않은 것으로 1985년 문집을 국역할 때에 추가된 것이며, 그 원문은 찾을 수 없다. 이 서간은 1892년 신한新漢에서 왕산이 백형 방산에게 올린 것이다. 이 서간에서 말하는 걸아傑兒는 왕산의 둘째 형 신온(1843~1870)의 손자 조작으로 은殷(1861~1885)의 아들이며, 만주에서 사망하였다. 그는 1885년 출생하여 진보 연당蓮塘의 동래정씨 가문으로 혼인을 하는데, 부인 정씨는 1885년 출생하여 1901년 사망하였다. 전후 관계로 볼 때 1892년 혼인을 정하고 있는 것으로 짐작된다. 또 숙부 정征의 부인은 여강이씨이다. 그 기일이 1890년 10월 27일이며, 대상大祥은 1892년에 해당한다(《금주허씨임은파보》, 1987).

梁碧濤公 濟安實記

양제안의 《梁碧濤公濟安實記》

不爲至歸卧金梁濱公家誣李世榮家略干餘里住々合席

敵夜談論立事以凍而台西敗機不戢口崔閏基敗歸斗麻

故里己而故查家帶數千圓與夫卿李慶熙及己出再從

汝行八坐滿長白縣百方運動又與自義新聞社長張志淵

五相運絡任來南嵩與 金佐鎭 西南濱東田名梁基鐸李東日李

世榮李象羲諸公網羅金喬運動中有團内連絡事物涉

坐鮮道過而姜五軍威訪宋晨自南公評論時事即還

卅麻有月金鳳基鄭星山而公来訪握手論時事曰非當今

於里墓有衝々義氣之士蓥基早々學公不挹生之慮作業

양제안의 《梁碧濤公濟安實記》

은 말할 것 없고, 과학적 재능도 뛰어났다. 허위가 양제안과 함께 물레방아를 설치한 것에서 실학에 관심을 두었음을 알 수 있다.

양제안과 허위의 만남은 허위가 진보의 신한에서 전장을 경영하기에 앞서 이루어졌다.[21] 그 뒤 을미의병 때 김산의진을 비롯하여 의병 투쟁을 함께 펼친 동지가 되었다. 양제안은 허위의 교유 범위가 경상도뿐만 아니라 충청도 등 전국으로 확대되는 데 중요한 구실을 하였다.

양제안은 1851년 충청북도 옥천군 청산면 의지리義旨里에서 양제구梁濟九의 장남으로 태어났다. 양제안의 가문은 몰락 양반으로 삼남 지방 물산의 집결지인 강경江景에서 부를 축적한 집안이었고, 그가 어릴 적에 보은報恩 청산靑山으로 옮겨왔던 것으로 보인다. 그는 6~7세에 문리文理를 깨우치고 통사通史 7~8권을 모두 보았지만, 경학經學보다는 병서를 두루 읽어 일찍부터 병술兵術에 일가견이 있었다.[22]

양제안은 1866년 병인양요가 발생하자, 16세의 소년으로 척사격문斥邪檄文을 작성하여 돌리려다가 부친의 책망을 듣고

21　〈書〉'兄主前上書(壬辰)', 《왕산선생문집》 권1.

22　양한위, 《양벽도공제안실기》.

그만두었는데, 이때부터 민족의식에 눈을 뜬 것으로 보인다. 1893년 척양척왜斥洋斥倭의 기치를 들고 농성을 벌인 동학 교단의 보은집회報恩集會에 참석한 양제안은 교주 최시형崔時亨을 만나 일본군의 소탕을 제의하였으나 최시형의 반대로 뜻을 이루지 못하였다. 뒤에 그는 허문숙許文叔·조백희趙伯熙 등 88인과 형제의 결의를 맺고,[23] 진천군鎭川郡 용소동龍沼洞에서 군대를 일으키고자 했던 진천기군鎭川起軍을 통해 일본군을 내몰고자 했는데, 이때도 동학교도와 은밀히 소통하고 있었다. 1894년 허운초許雲樵는 서울의 군대와 관료, 조백희趙伯熙는 전라도의 전봉준, 그리고 양제안 자신은 경상도의 상주·선산 지역의 동지를 규합하여 거사를 도모하고자 하였으나 동학교도와 불화로 말미암아 실패하고 말았다. 이 진천기군에서 실패한 양제안은 홀로 김산군金山郡 봉계鳳溪로 옮겨 농민군 토벌에 참여했던

---

23 '88결의형제'의 명단은 心山 金昌淑이 성주에 있는 어느 집 지붕의 기왓장 밑에 숨겨두었다고 전하는데, 현재 찾을 수가 없어 그 구성원을 알 수 없다(《영남일보》 1968년 12월 11일). 그뿐만 아니라 양제안의 《양벽도공제안실기》(양한위, 필사본)에 부기된 〈진천기군시 88형제명록〉이 나타나고 있어 '88결의형제'의 실체는 분명한 것으로 보인다.

소모영장召募營將 조시형曺時亨에게 의탁하였다.[24]

동학농민운동에서 양제안이 보여준 척양척왜의 주장은 김산의진에서 구체화되었다. 김산의진의 중군中軍으로 참여한 양제안은 상주·선산·성주·김산 등지의 양반 유생들을 연결하는 중심적인 인물이었다.

양제안은 일찍이 사물의 이치를 널리 탐구하여 과학적인 발명에 탁월한 재능을 보였다. 1892년 허위와 함께 진보의 신한과 청주淸州에서 물레방아(수륜기)를 설치하여 관개를 시도한 적도 있었고, 을미의병 이후 보현산 중턱의 분지 두마리에 은거하면서 장자인 양한기梁漢紀와 함께 물레방아를 제작하여 수전水田을 경작하기도 했다. 그뿐만 아니라 신식 직조기織造機와 일영시계日影時計를 제작·설치하기도 하였다. 한편으로 양제안은 계몽운동에도 힘을 기울여 두마리에 사립 두마학교斗磨學校를 세우고 보국안민지책輔國安民之策과 보가수신지도保家修身之道에 입각한 기술 교육을 실시하기도 하였다.[25]

진천기군鎭川起軍에 참여한 88인의 결의형제 가운데 주목되는 것은 상주·선산 지역의 인사들이다. 이들은 일찍부터 양제안과

---

24 양한위, 《양벽도공제안실기》; 허문숙·조백희·허운초는 모두 자字나 호號로, 정확한 이름은 알 수 없다.

25 양한위, 《양벽도공제안실기》.

깊은 관계를 맺고 있던 유생들로, 그 가운데에는 허위도 포함되어 있었을 것이다. 이리하여 허위와 양제안은 상주·선산 지방의 유생들을 폭넓게 연결하여 척양척왜의 기반을 만들어 1896년 김산의진에서 유생층을 바탕으로 활동할 수 있었다.[26]

진보의 신한新漢은 반변천半邊川을 낀 산간지대로 토질이 척박하고 관개가 힘든 지역이었다. 허위는 양제안과 함께 물레방아를 설치하여 관개를 시도하였고, 진보를 중심으로 영양·청송 일원에서 입지를 넓히고 있었다.

26 양한위, 《양벽도공제안실기》; 오세창, 〈벽도 양제안의 항일구국운동〉, 《윤병석교수화갑기념 한국근대사논총》, 윤병석교수화갑기념논총간행위원회, 1990; 권대웅, 〈왕산 허위의 전기의병전쟁〉, 《왕산 허위의 나라사랑과 의병전쟁》, 구미시·안동대학교박물관, 2005.

제2장
전기의병기 창의와 투쟁

1. 진보 흥구로 옮겨가다

허위는 맏형 허훈과 함께 1894년 동학농민운동을 피하여 진보의 흥구, 지금의 청송군 진보면 흥구리로 옮겨왔다. 1894년 여름 동학농민군이 선산 읍성을 점령한 뒤로 양반 지주층에 대한 보복이 곳곳으로 확산되었기 때문이다.

영남 서북부의 북접北接 동학 조직은 상공포尙公包·충경포忠敬包·관동포關東包·영동포永同包·선산포善山包 등 다섯 개 대접주의 관할 아래 세력을 확대해나갔다. 이들 각 포는 영남 서북부의 안동·의성·풍기·봉화·예천·용궁·함창·문경·상주·김산·개령·지례·성주·선산 등지에서 각각 독자적인 세력을 형성하여 서로 연계되어 활동을 하고 있었다.[27]

선산으로 몰려온 동학농민군이 읍을 공격한 것은 1894년 9월 말경이었다. 사정이 절박해지자 양반 지주들은 외지로 피

---

27 신영우, 〈갑오농민전쟁과 영남 보수세력의 대응〉, 연세대학교 박사
학위논문, 1992, 159쪽.

난하여 농민군의 공세를 피하고자 하였다. 이때 선산 임은의 허훈·허위 형제는 진보 흥구로 이거하였고, 해평의 최봉기崔鳳基·최용기崔龍基 형제는 합천陜川 화양華陽으로 옮겨갔다. 그리고 아포의 김석동金錫東·김세동金世東 형제는 지례知禮 구성龜城 등지로 피신하였다.[28]

아우 허위와 함께 진보 흥구로 옮겨온 허훈은 당시의 피난 생활과 자신의 심경을 안동의 유생 세산洗山 류지호柳止鎬에게 다음과 같이 말하고 있다.

> 작년 가을에는 난리를 만나 고향을 버리고 창황한 걸음으로 멀리 진보의 동쪽까지 와서 머물러 있습니다. (중략) 벼슬을 그만두고 전원으로 돌아와 조용히 수양한 지 이미 오래되었으니 임천에 보이는 좋은 경치와 서사에 구하는 깊은 낙이 족히 정신을 잘 기를 수 있어 어지러운 세상일은 그만 모르게 되겠지요.[29]

1894년 5월 조선의 원병 요청으로 청나라 군대가 출병하게

---

28 신영우, 앞의 글, 147쪽.

29 〈書〉 '答柳都正止鎬(乙未)', 《국역방산전집》 권8.

되자, 일본군도 곧 파병되었다. 이에 따라 전주화약全州和約이 체결되어 전주성이 회복되고 동학농민운동은 진정되었다. 그러나 조선이 청·일의 각축장이 되어 일본군의 일부가 대구에 머무르게 되자, 동학농민군의 난리를 겪은 사람들은 모두 비적들을 소탕할 수 있게 되었다고 좋아하였다. 그렇지만 허위는 외세의 개입으로 위기에 빠져드는 나라를 생각하며, 다음과 같이 탄식하였다.

> 바닷바람에 돛을 걸기만 하면 방지防止하는 한계가 조금도 없다. 저들이 오고 우리가 가서 문득 바늘을 당기는 자석같이 된 바, 길을 빌려서 괵虢 나라를 쳐 없애던 것과 같은 화를 누가 능히 알겠는가.[30]

허위가 우려했던 것처럼 청일전쟁에서 승리한 일본은 대조선 정책을 강화하여 조선의 내정간섭에 착수하였다. 이로써 조선의 주권은 크게 침해되었다.

---

30 〈행장〉,《왕산선생문집》권2.

2. 맏형 허훈이 진보에서 창의하다

1895년 허위는 진보에서 피난 생활을 하고 있던 가운데 명성황후의 시해와 단발령 공포의 소식을 듣게 되었다. 그리고 을미년(1895) 음력 12월 6일, 곧 양력 1896년 1월 20일 안동에서 권세연權世淵·김도화金道和·김흥락金興洛·류지호柳止鎬 등이 창의하였다는 소식도 들었다. 이른바 을미의병이었다.

당시 허위 형제들은 선산先山을 돌아보고자 고향인 선산 임은에 돌아와 있었다. 이때 허훈은 안동의진의 창의장 권세연에게 편지를 한 통 받았다. 권세연이 허훈에게 편지를 보내 창의를 독려하였던 것이다. 이에 허훈은 권세연에게 다음과 같은 답장을 보냈다.

> 권세연에게 답함(1896)
> 성명은 벌써 익히 들었어도 한 번 만나지 못한 것을 한스럽게 여겼더니 뜻밖에 보내주신 편지를 받아 펴들고 읽고 감사하고 황송한 마음 견줄 데 없었습니다. 요즘 날씨가 몹시 추운데 신의 가호를 받아 존체 만안하시고 군성도 다시 떨쳐서 벽루가 더욱 빛나게 되었다 하니 휘날리는 깃발을 늘 생각하던 심정이 더욱 간절합니다. 훈은 지난겨울부터 병을 앓게 되고

또 느닷없이 사변을 만나 결국 달려가 뵙지 못했으니 지금까지 죄송스럽습니다. 요즈음 친산 면례하고자 고향에 온 지 벌써 20일이 지났습니다. 아이에게 부쳐온 존경스런 편지는 가르치신 말씀이 너무 지나친 듯합니다. 명공께서는 훈에게 무엇을 취하려고 이토록 지극하게 여기십니까. 훈은 재주도 부족하고 지혜도 모자라는데 더구나 오랫동안 병을 앓고 드러누웠으니 세상에 아무 쓸모가 없다는 것을 스스로 판단하고 있습니다. 쓸쓸한 한 모퉁이에 외로이 우접하여 다만 울분의 심정에서 쏟아지는 눈물만 빈산의 초목에 뿌립니다. 그냥 이와 같이 살다가 이와 같이 죽는 것이 마땅하다고 생각됩니다. 진실로 한 가지의 재능이라도 있다면 이때가 어느 때인데 스스로 힘쓰기를 생각지 않겠습니까. 원컨대 존자께서는 특히 용서하고 양해하여 이 어리석은 자를 제대로 있게 해주시면 천만다행으로 여기겠습니다.[31]

허훈의 편지는 안동의진 창의장 권세연의 창의 독려에 대한 답장이다. 권세연의 편지는 현재 남아 있지 않지만, 진보에서 의진을 결성하지 않고 있는 허훈을 질책하는 내용이었던 것으

---

31 〈書〉'答權祖源世淵(丙申)',《국역방산전집》권8.

答權祖元世淵 〇丙申

凤仰威名恨無一日之雅匪意伏拜惠狀擎讀必還
感惶罔喻謹審寒峭尊體神護萬旺軍聲復振壁壘
增彩引領望慕益切忡慕之誠薰前父之病臥旋值事
變竟未趨拜悚仄至今方瑩親塋緬畢來到故山已
涉數旬矣趙兒子齎送尊函辭教過當明公何取於薰
而若是勤摯哉董牙賀淺短久抱貞崇自辦其無用
於世孤寓荒隅憂憤慷慨之涕徒灑空山之草木祇
當如此而生如此而死苟有一能此時何時而不思
所以自效乎伏願尊慈特賜怨諒傳安愚分千萬幸

舫山先生文集卷之八　八

권세연에게 답함

로 짐작된다. 그러나 허훈의 답서에서 볼 수 있듯이 그가 창의
를 한다는 것은 벌써 60세의 노구老軀로서 감당하기 어려운 결
정이었다. 그렇지만 이러한 상황에서 허위의 형제들은 창의를
결심하였다. 허훈은 진보에서 창의하고, 허위는 김산에서 창의
하기로 하였다.

허훈은 고향에서 진보 흥구로 귀가하여 1896년 4월 초순(음력 2월 25일경) 진보의진을 결성하고 창의하였다. 진보의진의 창의장은 허훈, 부장副將에는 신상익申相翼이 선출되었다.[32] 신상익은 1896년 주변 고을에서 의병이 일어나자 진보향교에서 방산 허훈을 도와 창의하여 의진의 업무와 전략을 담당하였다.[33]

한편, 허훈은 그의 아우 허겸을 김도현金道鉉에게 보내 진보의진에 초청하였다. 허겸은 허훈의 아우이자 허위의 셋째 형이었다. 그는 처음 김산의진에 참여하였다가 허훈을 돕고자 진보로 들어온 듯하다. 허훈의 초청으로 진보에 들어온 김도현은 장차 안동의병을 얻어 남쪽에서 소모召募하기로 하고 허겸과 함께 안동의병진으로 떠났다.[34]

1896년 청송의진의 진중일기인 《적원일기赤猿日記》에 따르면, 진보의진은 창의 뒤에 어천漁川·남면南面 화마리禾馬里 등지로

---

32 《적원일기》, 1896년 2월 25일·3월 초10일.

33 신상익, 〈부록〉 '행장', 《가천집》; 신상익申相翼(1852~1919)은 청송군 중평 출신이다. 자는 경보敬輔, 호는 가천可川, 본관은 평산이며, 1882년 사마시에 입격하여 진사가 되었다. 《금주허씨 임은파보》에 따르면 방산의 손녀는 신상익의 아들 신두희申斗熙와 결혼하였다.

34 김도현, 〈벽산선생창의전말〉, 《독립운동사자료집》 2, 독립운동사편찬위원회, 1971, 721쪽.

진영을 옮기며, 안동·청송·영양·의성 등 주변 의병진과 사통
私通을 교환하는 등 협조 체제를 갖추고 있었다. 더욱이 청송·
의성·이천의진이 연합하여 싸운 감은리 전투 이후 진보의병은
영양·청송의진과 합세하여 의성의진을 응원할 계획을 세우는
등,[35] 안동의진의 배후 구실을 했던 점이 주목된다.[36]

　　허훈의 진보의진은 그 규모나 전투력이 매우 열악하였던 것
으로 보인다. 진보는 군세郡勢가 약한 데다가, 이미 주변 각지에
서 의진이 조직되었으므로 군사와 군수품을 조달하기 쉽지 않
았기 때문이다. 그래서 아우 허위도 허훈에게 좌도左道에서 우
도右道인 김산 주변으로 군사를 옮겨 함께 활동하자고 권유할
정도였다.

　　또 좌도 두메에는 의병을 일으킨 자가 이미 많고, 재물과 곡
　　식으로 즐거이 돕는 자가 비록 많지만 반드시 넉넉하지 못한
　　탄식이 있을 것입니다. 군사를 이 근처로 옮겨오고 위엄으로
　　사람들에게 명령해서 감히 어기지 못하도록 한다면 재물과
　　곡식도 부족할 염려가 없을 터이니 이 점도 살피시기 바라옵

35　《적원일기》, 1896년 2월 25일·3월 초10일.

36　《적원일기》, 1896년 4월 초7일.

니다.[37]

김천에서 관군과 접전하여 패한 뒤인 4월 초 허위는 직지사에서 재기를 도모하고 있었다. 허훈이 안동의진 창의장인 권세연의 독려로 의리를 앞세워 창의했으나 전투를 수행할 능력은 없었기 때문에, 아우 허위가 김산에서 활동하기를 요청하였던 것이다.[38]

3. 김천에서 창의를 모색하다

1896년 1월 20일 안동을 필두로 경상도 지방 각처에서 의병이 조직되었다. 곧이어 경상도 서북 지방인 상주·선산·성주·김산(이하 지례와 개령을 포함하여 김천으로 씀) 등의 양반 유생들도 창의를 모색하기 시작하였다.

김천 지역에서는 양반 유생 여영소·여중룡 등이 1895년 음력 12월, 곧 1896년 양력 1월부터 창의를 도모하기 시작하였다.

---

37 《적원일기》, 1896년 4월 초9일.

38 〈書〉 '上伯兄書(丙申)', 《왕산선생문집》 권1.

상주와 선산에서도 허위·조동석 등이 창의하고자 동분서주하고 있었다. 이때의 상황을 김천 유생 여중룡은 《갑오병신일기甲午丙申日記》에 다음과 같이 기술하였다.

경상도의 상주·선산·김산·성주 사이의 30여 군 가운데 한 사람도 창의하는 사람이 없었다. 을미년 12월에 이르러 집안의 영소永韶가 충성과 격분한 마음을 이기지 못하고 마침내 거의에 뜻을 가지고 군의 남쪽 각 마을에 통문을 띄우고 날을 잡아 장차 회의를 하고자 하였다. 당시 관찰사 이중하李重夏는 먼저 그 머리를 깎고 각 고을에 머리를 깎으라는 영을 고시하였는데 급하기가 성화와 같았다. 본 군수 이범창李範昌은 이중하의 가까운 친척인 까닭에 명령을 받들어 충실하게 근무하고 있었다. 이리하여 고을의 사람들이 모두 두려워하여 감히 입을 열지 못했으므로 한 사람도 회의에 와서 호응하지 않았다. 도리어 통문을 낸 자는 반드시 이중하에게 화를 입을 것이라 생각하여 이미 동지 될 사람이 없으니 한 짝 손으로 장차 어찌하겠는가.(후략)[39]

---

39 김천은 1896년 김산군·지례군·개령군으로 나뉘어 있었으나 1914년 김천·지례·개령 등 3군을 통합하여 김천군으로 하였다(김천시, 《김천시사》, 1999).

여영소와 여중룡은 김천의 대표적인 향반으로, 이 지방의 여론을 선도할 수 있는 영향력이 있었다. 이들은 전국적으로 확산되던 창의에 자극을 받아 12월 각 마을에 통문을 돌리며 창의를 모색하였다. 그러나 곧장 창의하지 못했다. 사람들이 관청의 위세에 두려움을 느끼고 있었고, 관군의 폭압적인 탄압에 크게 위축되었기 때문이다.

이러한 상황 아래 각지에서 창의를 독려하는 격문과 통문이 계속 날아들었다. 1896년 정월 여영소·여중룡 등은 다시 창의를 모색하였다. 1896년 3월 24일(음력 2월 11일) 금릉향교에 모여 통문을 띄우고 난 뒤, 3월 29일(음력 2월 16일) 향회를 개최하여 창의하자는 계획을 세웠다. 또한 관민이 협조할 수 있는 길을 모색하고자 군수 이범창李範昌을 의거에 영입하였다. 하지만 이범창은 거사를 무산시키려고 거사일을 4월 4일(음력 2월 22일)로 늦추고 감영으로 가서 돌아오지 않았다.

한편 허위는 조동석趙東奭·이기찬李起燦·강무형姜楙馨 등 상주와 선산의 유생들과 창의를 준비하였다. 그러나 여러 번 논의만 거듭하였을 뿐 실행에 옮기지 못하였다. 그러다가 그는 여영소·여중룡 등의 통문을 보고 류도섭柳道燮을 파견하여 합세를 요청하였다.

乙未

八月　國毋之變有臣子之昕不忍之言而萬世臣子之所必報者

而力未足以報故畜憾積怨以待之矣粤明年冬又有近臣之慟聞

雙賊之人勒削　上皇至於大臣及城内之民而肆然以今秋一國日削

髮自　上亦為之顧以斗柄之重為函賊之竊夫宗祀有朝暮之厄

君父有同測之地嗚數百世之綱常禮義掃地盡矣三千里之血氣

男兒無人歟此皇覆前日四函之罪萬數迷輕今者十臣之妖彼簡犬羊之外侵其気

烏覺之内應前日四函之罪萬數迷輕今者十臣之奸一國共憤猶敢

遂行威令將欲盡髮生靈嘻之痛矣國有未職死國

死以校迪國五千天下寧有今日之事乎己我疆域臣庶孰不

欲竊其内削其腹而今反低首聽令校檄命之不裁柩命不足惜

寧欲死國而靡骨髮膚有所受莖可畏禍而兤顆此髮之前

丙申春日記

여중룡의 《갑오병신일기》

오후에 류도섭이 동료 한 사람을 거느리고 와서, 은밀히 말하기를 "우리도 또한 조동석·이기찬·허위·강무형·양제안·이기하 등과 상주읍에서 창의하고자 한 것이 몇 차례인지 알 수 없다. 그러나 하려는 일과 뜻이 맞지 않아 거사를 이루지 못한 까닭에 이제 모두 김천에 와서 머물게 되었다. 그러나 준비된 포수砲手는 다만 30~40여 명뿐이다. 개령읍에 사는 허위경許渭卿이 포정 수백 명을 보내기로 이미 약속했고, 반드시 이 포정이 모이면 오늘밤 김산읍으로 들어가 군기를 취하여 황간黃澗으로 가서 거사하면 인근의 고을들이 모두 상응하기로 약속되었으니 이같이 하면 가히 일을 이룰 수 있을 것이다. 우리가 듣기로는 귀중에서도 거사하고자 내일 향회鄕會를 연다고 하니 과연 그러한가. 그렇다면 그대들이 우리와 더불어 동심동사同心同事하여 합세하는 것이 어떻겠는가."[40]

이미 상당히 오래전부터 창의를 준비하고 있던 상주·선산 유생들은 의병의 모집과 더불어 인근 지역과 연결을 시도하였는데, 이는 충청도 황간·영동과 협력하고 있는 모습에서 볼 수 있다. 그러나 상주·선산의 창의는 실행하기에 어려움이 있었

---

40 여중룡, 《갑오병신일기》.

다. 이들은 가노家奴 수백 명을 동원하여 기의하려 했는데, 가노들이 한사코 따르지 않아 실패하고 수십 명의 종사從士만 데리고 김천에 들어왔다.

벽도 양제안의 《양벽도공제안실기梁碧濤公濟安實記》에는 이때의 상황을 다음과 같이 술회하고 있다.

> 이듬해 을미년에 태상황제의 밀조密詔를 받들어 선산 임은의 허위 왕산공과 같은 군 평성의 강성윤姜成允·김덕삼金德三·박주하朴柱夏, 상주 우천의 류만식柳万植·이강공二岡公·류양산령柳梁山令 류숙형공柳叔亨公과 더불어 각기 가노병家奴兵 기백 명을 거느리고 오기로 약속하였으나 노奴들이 모두 죽기 싫어 따르지 않고, 단지 종사 수십 인이 따랐다.[41]

이때 왕산 허위도 다음과 같이 격문에서 의병진에 참여하도록 호소하였다.

〈거의격문擧義檄文〉(1896)
나라에 환란이 있을 때에는 혹 초모招募하고 혹 창의倡義해서

---

41 여중룡, 《갑오병신일기》.

마침내 안정토록 하는 것이 상하 각자가 해야 할 도리이다. 지금 왜적이 우리나라 안에 발을 내리고 앉았음이 이미 두어 해나 되었건만 의리를 좇아서 응모하는 자가 이와 같이 보잘 것없다. 팔도 안에 참으로 의용義勇과 지략智略 있는 사람이 없어서 그렇겠는가. 오백 년 종사의 위태함이 조석에 있고, 삼천리 강토는 강탈당할 염려에 처해 있다. 그윽이 생각하건 대 궁중에 발생한 변고와 신민의 위급함은 마음이 아프고 뼈가 떨려서 죽고 싶을 뿐이다. 곧 손으로 그놈들의 살을 뜯어 먹고 싶어도 그럴 수가 없다. 허위는 하나의 쓸모없는 유사儒士이다. 지혜와 도량이 본래부터 사람 수효에 참여할 수 없고 간과진오干戈陣伍에 대한 일은 일찍이 들은 바도 없었다. 그러니 이 날에 이 일을 일으킴이 어찌 타당하리오만, 충분忠憤에 격동한 바 되어, 손을 내리고 바라만 볼 수 없기에 기필코 이 도적의 괴수를 소탕코자 하는 바이다. 바라건대 여러분은 같은 소리로 응모하라. 비록 몽둥이와 허리를 가지고 달려들어 공격해서 용기를 돋우면, 적들도 감히 가까이 오지 못할 것이다. 이정里正과 촌장村長이 장정을 거느리고 형세를 도우면 천만다행이겠다.[42]

---

42 양한위, 《양벽도공제안실기》.

國有患難之時、或以召募、或以倡義、而終底戡定者、
各上下相須之道也。見今倭賊之盤據我國中已至
數年、向義募赴者若是零星、八域之内、豈眞無義勇
智略之士而然歟。五百年　宗社危在朝夕、三千里
疆土慮有侵奪、竊念　宮中之變臣民之急痛心顧
骨、如不欲生直欲手自㗖食、而不可得也。萬一箇腐
儒智局識量、本不系於人數、干戈陣伍、曾所未聞。此
日此舉豈敢曰妥當而忠憤所激、不可垂手岸視故、
期欲掃蕩賊酋、伏惟僉君子同聲響應雖白挺短鋤
奔衝突擊勇氣自倍則敵不敢向通矣。里正村長、亦
率壯丁、以助其勢、千萬幸甚。

허위의 〈거의격문〉

1896년 3월 28일(음력 2월 15일) 허위는 상주·선산 유생들과 함께 김천의 창의 소식을 듣고 김천으로 들어갔다. 그러나 김천 사람들이 선뜻 합세를 결정하지 못했다. 의병들의 토색을 염려했기 때문이다. 또 무엇보다 시급한 문제가 바로 군량이었고, 이 군량은 김천의 부호들에게 수집해야만 했다.

허위·조동석 등 상주·선산 사람들은 이미 김천으로 모여들고 있었다. 그뿐만 아니라 선산과 개령의 포수가 각기 수백 명씩 다음날 새벽 김천으로 들어올 것이라는 소문도 돌았다. 그 속에서 허위·이기찬李起燦 등 상주·선산 사람들은 김천 사람을 제외하고 밀담하였다. 이것은 여중룡을 비롯한 김천 사람들이 상주·선산 사람을 불신하게 만드는 결과를 낳았다. 더욱이 선산과 개령의 포수는 한 사람도 도착하지 않아 불신감을 키웠다.

1896년 3월 29일 김천에서는 향회鄕會가 열렸다. 이 향회는 상주·선산 사람들이 김천에서 창의했을 때 향권鄕權의 침해를 최소화하려는 회의였다. 이 회의에는 김천 측에서 여중룡·여영소를 비롯하여 이상설·이승주·유도일·최동은·이문선 등이, 상주·선산 측에서는 이기찬·허위 등이 참여하였다.

허위는 여영소에게 함께 창의하기를 청하였다. 이 안건은 서로 주도권을 놓고 대립하고 있었기 때문에 결론을 얻지 못하였다. 그날 밤 허위 등은 상주·선산 사람들을 중심으로 의장義將

과 참모參謀·종사從事·군관軍官·중군中軍 등의 군직軍職을 정하고 군기고軍器庫를 기습하였다. 이에 김천 사람들은 무기를 감춘 뒤, 하리下吏 백채기白采基를 보내 상주·선산 사람들을 설득하였다. 결국 상주·선산 사람들은 군기고를 닫고 향교로 모였다.

여중룡의 《갑오병신일기》는 당시의 상황을 다음과 같이 기록하고 있다.

> 아침을 먹은 뒤 명륜당明倫堂에 자리를 펴고, 여영소는 허위와 더불어 상의하여 같이 거사하자는 청을 따랐다. 그러나 내 마음은 불온不穩한 뜻이 있었는데, 대개 손님이 강하고 주인이 약하니 반드시 세력을 빼앗길 폐단이 있을 것이다. 이러한 말을 영소에게 하니, 영소가 말하기를 "일이 이미 이 지경에 이르렀으니 하지 않을 수가 없습니다. 그리고 우리 고을의 향응하는 사람이 적으니 어찌 저들의 요청을 따르지 않을 수가 있겠습니까. 또 한 나라의 거사는 모두가 하나와 같은데 무엇이 불가하겠습니까." 내가 말하기를 "비록 어리석고 졸렬한 소견이지만 반드시 내 말에 벗어나지 않을 것이다. 그러나 내가 홀로 말하는 것은 무익할 따름이다." [43]

---

43 〈檄〉'擧義檄文(丙申)',《왕산선생문집》권1.

이와 같이 김산의진은 창의 과정에서 많은 진통을 겪었고, 그 진통이 해소되지 않은 상태에서 1896년 3월 29일(음력 2월 16일) 결성되었다.

4. 김천에서 창의하다

김산의진은 많은 진통 끝에 김천과 상주·선산 유생들이 이기찬을 대장으로 추대하여 1896년 3월 29일(음력 2월 16일) 창의하였다. 그는 우선 군례軍禮를 행한 뒤, 〈김산창의대장金山倡義大將〉이라 쓴 대장기를 세우고 진용을 정비하였다. 그 진용과 중심인물은 다음과 같다.[44]

대장大將	이기찬
중군中軍	김기력
찬획贊劃	조동석·이용주·강일선·허겸·이능규·이상설·여중룡
군관軍官	강무형·이기하
종사從事	이승주·최동은

---

44 여중룡, 《갑오병신일기》.

김천 김산향교

참모參謀	허위·여영소
군량도감軍糧都監	조석영·여승동·이현삼·조남식
장재관掌財官	배헌·강명숙·박래환

김산의진은 김천·상주·선산 등지 유생들의 연합 의진으로 결성되었다. 이들은 성재 허전과 사미헌 장복추, 그리고 계당 류주목 등의 문인들이었다.

이들을 출신 지역에 따라 분류하면, 김기력·여중룡·여영소·여승동·이용주·강일선·이상설·이승주·최동은·조석영·이현삼·배헌·박래환 등은 김천 출신이다. 대장 이기찬·조동석·강무형·이기하·조남식·이시좌 등은 상주 출신이며, 허겸과 허위 형제 등은 선산 출신이다.[45] 김산의진의 병사는 대부분 김천 출신의 몇몇 가문을 주축으로 편성되었다. 허위는 그의 형 허겸, 상주 유생 이기찬·조동석 등과 함께 창의에 참가하였다.

5. 김산의진, 관군에게 패하다

김산의진은 사람들이 많이 모이는 김천 장날, 읍으로 들어가서 수백 명의 장병을 모집하였다. 그리고 김산군 금릉의 무기고를 열어 그 진용을 정비하고 군비를 확충하였다.

김산의진은 대구부로 진격하고자 3월 30일(음력 2월 17일) 금릉향교를 출발하여 김천에서 유숙했고, 3월 31일(음력 2월 18일) 노곡점에서 점심을 먹은 뒤 저물 무렵에 지례읍에 이르렀다. 4월 1일(음력 2월 19일) 김산의진은 지례의 사문四門에 방

---

45 《세장년록》, 1896년 1월.

김산의진 참여자

성명	직책	출신지	본관	신분	경 력	비 고
이기찬李起燦	대장	상주	전주	유생	상주 소모영 참여	
김기력金基櫟	중군	김산	경주	유생		
조동석趙東奭	찬획	상주	풍양	유생		
이용주李龍周	찬획	지례	연안	유생		
강일선姜馹善	찬획	김산	진주	유생		
허 겸許 蒹	찬획	선산	김해	유생	허위의 형	대통령표창(68) 애국장(91)
이능규李能圭	찬획	김산		유생		
이상설李相卨	찬획	김산				
여중룡呂中龍	찬획	김산	성산	유생		건국포장(77) 애국장(90)
강무형姜懋馨	군관	상주	진주	유생	상주 소모영 참여	
이기하李起夏	군관	상주	전주	유생		
이숭주李崇周	종사	김산		유생		
최동은崔東殷	종사	김산	철원	용양위 사과	무과 급제	
허 위許 蒍	참모	선산	김해	유생		대한민국장(62)
여영소呂永韶	참모	김산	성산	혜민원 주사	김산 지역 태극교 창립	
조석영曺奭永	군량도감	개령	창녕	울산부사	진사	
여승동呂承東	군량도감	김산	성산	사마		
이현삼李鉉參	군량도감	지례	연안		의금부 도사	
조남식趙南軾	군량도감	상주	풍양	전승지	상주 소모영 참여	
배 헌裵 瀗	장재관	지례	성산			
강명숙姜明淑	장재관					
박래환朴來煥	장재관	김산	밀양	중추원 의관	무과 급제	
이시좌李時佐	서기	상주	흥양	유학	상주 소모영 참여	

을 붙여 군량과 군병을 모았다. 이에 지례 현감이 관포군을 의병진에 붙여주자, 사방에서 사람들이 의병에 지원하여 차츰 진용을 갖추게 되었다.[46]

이때 대구에서 파송된 경상 감영의 관군 수백 명이 김천에 도착하였다.[47] 여중룡의 《갑오병신일기》와 허위의 《왕산선생문집旺山先生文集》에서는 이때의 상황을 다음과 같이 기록하였다.

조금 뒤에 선산인이 황망히 들어와 "이중하李重夏가 군사를 보내어 드디어 수백 명이 김천에 와 있으니 오래지 않아 이곳에 이를 것이다."고 말했다. 이에 조동석·허위·양제안 등은 모두 먼저 떠나며 말하기를 "지금 군병은 교련敎鍊되어 있지 못하고 저 군사를 막으려고 하면 반드시 흩어질 것이다."고 하면서 여

<hr>

46 여중룡, 《갑오병신일기》; 《세장년록》 1896년 1월.

47 여중룡, 《갑오병신일기》와 양한위, 《양벽도공제안실기》에도 의병이 행진하여 지례읍에서 약 5리쯤 떨어진 곳에 주둔하고 있을 때 적과 충돌했다고 기록하고 있어 서로 일치한다. 그러나 허위의 《왕산선생문집》(권2, 부록 〈행장〉)에 따르면, "김산과 성주 사이에 진을 갈라서 치고 격문을 원근에 발송해서 한창 군사를 모으는 중인데, 대구 관병이 먼저 성주진을 덮치자 경성과 공주 군사가 시기를 보고 세력을 합쳐 이은찬과 조동호를 잡아버렸다."고 기록하였다.

러 사람들과 의논도 없이 떠나버렸으니 그들이 가버린 곳을 알지 못하겠다. 떠나지 않은 사람은 오직 의장義將과 김산인金山人뿐이었다. 비록 병사를 파하지 않으려고 해도 한 끼의 밥 값이 없으니 공격받지 않고도 스스로 파해질 따름이다.[48]

병신년 3월 10일 이은찬, 진사 조동호, 이기하와 함께 의병을 일으켰다. 장수 명칭을 나누어 맡기고 장정 몇백 명을 뽑은 다음, 김산군 군기고에 수장된 병기를 압수하여, 김산과 성주 사이에 진을 갈라 쳤다. 격문을 원근에 발송하여 바야흐로 군사를 모으는 중인데, 대구 관병이 먼저 성주진을 덮치자 경성과 공주 군사가 시기를 보고 세력을 합쳐, 이은찬과 조동호를 잡아버렸다.[49]

1896년 4월 2일(음력 2월 20일) 김산의진은 조직·군비·전략 등이 막 갖추어지려는 찰나에 관군이 출동해 흩어지고 말았다. 김산의진은 유생들을 주축으로 구성되어 조직력과 전투력에 결함이 많았기 때문에 전투다운 전투조차 해보지 못하고

---

48   여중룡, 《갑오병신일기》.

49   〈부록〉 '행장', 《왕산선생문집》 권3.

괴멸되고 말았다. 이로써 김산의진은 진주·안의·황산 등으로
흩어졌고, 김천은 관군이 장악하였다.

6. 김산의진, 직지사에서 재기하다

1896년 4월 7일(음력 2월 25일) 허위 등은 상주·선산 등지로
통문을 돌리고 직지사에서 재기하였다. 진용도 재편하였는데,
허위는 참모장, 양제안은 중군이 되었다.[50] 허위 등은 여러 날
동안 군량과 군사를 모집하여 흩어졌던 포군 1백여 명과 유생
7~80명을 모았다.

직지사에 머물던 의병진은 황계黃溪로 옮겨가 강태목姜泰穆·
김기력金基櫟 등과 합세하였다. 이어서 당시 진주의 노응규盧應
奎와 초계草溪·합천陜川·거창居昌 등지에서 활동하던 의병장 류
인목柳寅睦의 부대와 합세하기로 하였다.

김산의진은 황간黃澗 상촌上村을 지나 우두령牛頭嶺을 넘어
마산점馬山店에 도착하여 류인목을 만났다. 그러나 예기치 않
게도 류인목 형제는 지례 하리下吏의 간계奸計로 말미암아 병

---

50 여중룡, 《갑오병신일기》.

김천 직지사

정을 잃고서 단신으로 합류하였다. 류인목과 합세한 김산의진
은 마산점馬山店·장자동莊子洞·임곡林谷·지례知禮를 전전하다가
1896년 4월 15일(음력 3월 3일) 홍심동紅心洞으로 들어갔다.

김산의진은 열악한 군세軍勢, 부족한 군수軍需, 이민吏民의 배
척 등으로 말미암아 대오조차 정비할 수 없는 상황이었다. 더
욱이 이민吏民의 배척은 의병의 활동 기반을 약화시키는 요인이
었다. 군비가 부족한 의병들은 촌민이나 요호饒戶들에게 군량
을 빌리거나 헌납받아야만 했기 때문이다. 그러나 모두 관군의

보복을 우려하여 기피하거나 노골적으로 배척하고 있는 실정이었다. 게다가 지례에 있는 야조병野操兵의 의병 진압은 의병들의 활동을 크게 위축시켰다. 야조병은 동학농민운동에서 농민군 토벌에 동원되었던 민보군民堡軍인데, 지례에는 이른바 토비보방단土匪保防團이란 이름으로 만여 명이 있었다.

허위 등은 지례의 홍심동에서 진용을 재정비하였다. 홍심동은 천험의 요새였기 때문에 의병 주둔에 적합했다. 재편성된 의병진은 부의장에 이주필李周弼, 우익장에 이성백李性伯, 도집례에 류인목柳寅睦, 군량도감에 조시영曹始永을 추대하여 진용을 보강하였다.[51]

김산의진은 군량이 부족하여 의병장을 비롯한 모든 의병이 소금에 물과 소채를 먹어야만 했다. 홍심동은 판서 이용직李容直의 장점처庄店處였다. 일찍이 이용직은 이곳에 집과 창고를 짓고 쌀 80여 석을 저장하고 있었다. 김산의진은 이용직에게 서찰을 보내어 비축된 쌀 80여 석을 군량으로 확보하였다. 군량이 확보되자 사방에서 사졸들이 모여들었고, 이틀 만에 대오를 완성할 수 있었다.

4월 17일(음력 3월 5일) 경상감영의 관군들이 구성龜城에 도

---

51 여중룡, 《갑오병신일기》.

김천 홍심동

착했다. 대장 이기찬이 거느린 수백 명과, 중군 양제안이 거느린 백여 명을 주축으로 대오를 형성한 김산의진은 구성면 도곡촌道谷村에서 경상감영군과 만났다. 김산의진은 접전에 앞서 '관군도 같은 나라 사람'이라는 효유문曉諭文을 보내어 충돌을 피하려 하였다. 그렇지만 한편으로는 관군과 접전을 기피하면 사람들이 의병을 두려워하지 않을 것이라는 이유로 전투를 벌여야 하는 상황이었다.

　김산의진은 이 전투에서 관군이 쏘는 몇 차례의 포격에 괴멸되고 말았다. 이른바 '구시인驅市人'과 같은 의병들은 군율도 없었고, 대오조차 갖출 수 없는 상태였다. 사방으로 흩어진 의병들은 거의 모두 도망하고 말았다. 허위를 비롯한 이기찬·여영소·여중룡·이주필·양제안 등 의진의 지도부는 홍심동으로 되돌아왔다. 비록 홍심동이 천험의 요새였지만, 지킬 병력이 없는 상황에서 방어는 거의 불가능하였다.

허위가 맏형 허훈에게 올린 편지에서 묘사한 이때의 상황과 그 타개책은 다음과 같다.

〈上叔兄書(丙申)〉

아뢰옵니다. 근일의 여행 동안 평안하셨습니까. 바로 어디를 향해 가셨으며, 경영하시는 바는 뜻대로 되었습니까. 진보의 소식은 어떠합니까. 사모합니다. 사제는 지난달 스무닷새 날 상주·김산의 사우士友들과 함께 직지사를 출발하여 황간으로 갔습니다. 그리고 이달 초이튿날에는 다시 지례知禮로 들어갔다가 다음날 홍심동으로 들어갔습니다. 포군이 백여 인이고 따라온 유자儒者가 7~80명인데, 전일보다 단결된 뜻은 조금 더 있으나 재용財用이 부족하니 이 일을 장차 어찌하겠습니까. 충성과 신의에 대한 말로써 인심을 감동시켜서 스스로 의기를 내어 군자軍資를 돕도록 하려고 하니 영슈을 깔보아서 사람들이 겁내지 않을 듯하고, 위엄과 명령으로 부유한 집에 강제로 징수코자 하니 혹독하게 거두어들이는 혐의를 면치 못하는 데 이 일을 조처하기가 천하에 가장 어렵습니다. 오직 한 가지 방책이 이 두 가지 어려움을 면하게 할 수가 있는데, 외국 원군을 많이 데려다가 국경에 와서 우리의 군세軍勢를 돕는다면 영을 내리지 않아도 위엄이 서서 풍성風聲만 듣고도 향응響応하지 않는 이가 없을 것입니다. 이 점을 살피시고 특히 도모하심이 어떠하겠습니까. 또 좌도 두메에는 기의起義한 자가 이미 많고, 재물과 곡식으로 즐거이 돕는 자가 비록 많지마는 반드시 넉넉하지 못한 탄식이 있을 것입니다. 군사를 이 근처로 옮겨오고 위엄으로 사람들을 명령해서 감히 어기지 못하도록 한다면 재물과 곡식도 부족할 염려가 없을 터이니 이 점도 살피시기 바라옵니다.[52]

허위를 비롯한 이기찬·양제안·조동석 등은 청나라에 군대를 요청하고 나아가 류인석과 합세한다는 계획을 세웠다.

---

52 〈書〉'上伯兄書(丙申)', 《왕산선생문집》 권1.

7. 의병을 해산하고 진보 홍구에 은거하다

김산의진은 무주로 옮기기로 하였다. 그러나 의병진을 따르는 병졸은 백여 명에 지나지 않았고, 중군 양제안이 부상병을 업어야 할 정도로 사기와 군율은 무너진 상태였다. 영동을 경유하여 황간에 도착한 김산의진은 참모 회의를 열고, 청나라에 원군을 요청하기로 하였다. 동시에 장졸들은 당시 호서 지방에서 활동하고 있던 의암義菴 류인석柳麟錫과 합세하기로 하였다.[53]

황간에 머물던 김산의진의 지도부는 청나라에 군대를 요청한다는 계획을 추진하는 한편, 허위 등은 흩어진 군사를 규합하였다. 허위·이기찬·양제안·조동석 등은 관군과 접전을 계속하며 상주 중모中牟, 충청도의 청산靑山·보은報恩·괴산槐山·청주淸州를 거쳐, 음성陰城에서 류인석·정인석·민긍호 등과 합세하였다. 이 과정에서 관군과 무려 32차례나 교전을 치렀고, 양제안은 총상을 입기도 하였다.[54]

허위를 비롯한 김산의진의 남은 세력은 충북 진천鎭川에서

---

53 여중룡, 《갑오병신일기》.

54 양한위, 《양벽도공제안실기》.

근신 전경운田慶雲이 가져온 국왕의 봉서封書를 받았다. 그 내용은 '의병을 급속히 해산하라'는 것이었다. 이에 허위 등은 군대를 해산하였다. 이때 허위는 답답한 심정을 다음의 시로 토로하였다.

호남 3월에 오얏꽃 날리는데,
보국하려던 서생이 철갑을 벗는다.
산새는 시국 급할 줄은 모르고,
밤새도록 나를 불러 불여귀不如歸라 하네.[55]

의병을 해산한 뒤 남은 세력은 각처를 전전하며 항쟁을 계속하였다. 그 가운데 이병구李炳九·이화영李華榮 등 여덟 명은 청나라에 원군을 요청하여 일본군을 토벌한다는 계획에 따라 중국으로 출발하였다. 청나라에 원군을 요청한다는 생각은 허위가 이미 허훈에게 보낸 편지에서도 나타나 있지만, 을미의병 말기에 이르면 많은 의진에서 나타난 방책 가운데 하나였다.

1896년 5월 13일(음력 4월 1일) 이병구·이화영·임병주林炳疇·김두찬金斗燦·최순정崔舜貞·안치수安致洙·이응호李應鎬·김녹상

---

55 〈행장〉, 《왕산선생문집》 권2.

金祿祥 등 8명이 청나라에 원군을 요청하려고 예천을 출발하였다. 이들은 5월 26일(음력 4월 14일) 한강을 건너 파주-송도-황주-평양-안주 등지를 거쳐, 6월 11일(음력 5월 1일) 의주에 도착하였다. 그리고 6월 24일(음력 5월 14일) 압록강을 건너 중국 땅 사하자沙河子(현 요녕성 단동시 万縣)에 이르렀으나 의주 관찰사 이홍래李鴻來가 보낸 포교들에게 체포되었다. 이들은 추국을 받은 뒤 7월 초 압록강에서 배로 인천을 거쳐 서울로 압송되었고, 8월 24일 감옥서監獄署에 수감되었다가 11월 3일 국왕의 사면으로 방면되었다.[56]

허위는 양제안과 함께 지례의 수도사修道寺에서 남은 병사들을 돌려보내고 헤어졌다. 허위는 울분을 삭이지 못하고 허훈이 은거하고 있던 진보 홍구로 돌아갔다. 양제안은 선산 도평道坪의 국산菊山 김인희金寅羲의 집에 머물다가 황간 상촌上村에 있던 가족들을 데리고 보현산普賢山 두마리斗麻里로 들어가 은거하였다.[57]

진보 홍구는 산수가 아름다운 천험의 요새지로 세상을 등지고 은거하기에 적합한 곳이었다. 허위는 형 방산 허훈과 함께

---

56 이병구, 《樵云遺稿》(필사본).

57 양한위, 《양벽도공제안실기》.

1894년 동학농민군을 피해 진보 홍구로 이거하였는데, 진보 일원의 유생들이 방산의 문하에 있었다. 우대락禹大洛·권수엽權秀燁·권수승權秀升·권중호權重鎬 등이 그들이다.[58]

울산 출신인 경주의 박상진도 홍구에 은거하고 있던 사종형 창고蒼皐 박규진朴煃鎭과 묵은默隱 박시주朴時澍를 따라 이곳에서 허위의 문하에 들어갔다.[59] 일찍이 박규진과 박시주는 척암拓庵 김도화金道和의 문하에서 수학하였다. 그 뒤 박시주는 서파西坡 류필영柳必永의 문하에서 더 공부하여 홍구로 이거하였고, 박규진은 경주로 귀향하였다가 1898년 홍구로 이거하였다. 박상진은 여섯 살이 되던 1889년부터 거의 10여 년을 경주 녹동에서 사종형 박규진에게 한학을 배웠고, 박규진과 함께 허위의 문하에 들어간 것으로 보인다. 박상진은 1902년 상경하여 왕산의 문하에서 정치와 병학을 수학하였다.[60]

의병을 해산하고 진보 홍구에 귀향한 허위는 허훈과 함께

58 〈가장〉; 이우성, 〈해제〉, 《국역방산전집》 권23.

59 박영석, 〈대한광복회 연구: 박상진제문을 중심으로〉, 《한국민족운동사연구》 1, 한국민족운동사학회, 1986.

60 허복 편술, 〈왕산 허선생 거의사실 대략〉, 《독립운동사자료집》 2, 독립운동사편찬위원회, 1971, 246쪽; 〈고광복회총사령 고헌 박상진씨의 약력〉, 1960.

학문에 열중하며 약 3년을 은거하였다. 이 기간은 허위에게는 매우 중요한 시기였고, 새로운 전기가 된 시기였다.[61]

---

61 권대웅, 〈김산의진고〉, 《윤병석교수화갑기념 한국근대사논총》, 윤병석
    교수화갑논총간행위원회, 1990; 권대웅, 〈왕산 허위의 전기의병전쟁〉,
    《왕산 허위의 나라사랑과 의병전쟁》, 구미시·안동대학교박물관, 2005.

제3장
관직 생활과 배일언론투쟁의 전개

1. 황국협회에 참여하여
근왕 보수적 인물들과 교유하다

왕산 허위는 1896년 김산의진 해산 뒤 약 3년을 진보 홍구에서 은거하다가 1898년 초 서울로 갔다. 그는 광무 정권의 개혁 정치와 일본을 비롯한 열강의 국권 침탈에 반대하는 '건의소청建議疏廳'에 참여하였고, 나아가 황국협회皇國協會에 참여하였다.[62]

청일전쟁 이후 조선을 둘러싼 열강의 세력 다툼이 첨예한 가운데 명성황후 시해와 단발령에 항거하여 전국 곳곳에서 의병이 봉기하였다. 1896년 2월 이범진·이완용 등의 친러파는 고종을 러시아 공사관으로 옮기고 친러 내각을 수립하였다. 이른바 아관파천俄館播遷이다.

고종이 러시아 공사관에 머무는 동안 독립협회가 벌이던 고종의 환궁운동還宮運動에 호응하여, 보수 유생들도 환어소청還

---

62 권대웅, 〈왕산 허위의 전기의병전쟁〉, 《왕산 허위의 나라사랑과 의병전쟁》, 구미시·안동대학교박물관, 2005.

御疏廳을 설치하고 국왕의 환궁을 호소하는 상소운동을 펼쳤다. 그뿐만 아니라 아관파천 뒤에도 재기를 모색하던 보수 유생들은 복수소청複讐疏廳과 건의소청建議疏廳, 광의소청廣議疏廳을 설치하여 상소운동으로 정국을 주도해나갔다.

복수소청은 1897년 2월 고종이 환궁한 뒤 명성황후의 시해에 대해 국가가 앞장서 원수를 갚고 종사의 위기를 타개하려는 것이었다. 건의소청은 1897년 10월 대한제국 성립 이후 전직 관료와 상경한 지방의 유생들이 광무 정권의 개혁 방안과 일본을 비롯한 열강의 국권 침탈에 대응할 수 있는 방안을 제시한 것이었다. 광의소청은 1902년 2월 순비淳妃 엄씨嚴氏의 황후 승격 반대와 경부선 철도 부설에 따른 지지대遲遲台 일대의 정차장 건립을 반대한 것이었다.

허위는 1898년 2월 25일부터 모두 세 차례에 걸쳐 이어진 건의소청에 참여하였다. 허위는 건의삼소建議三疏를 올리려는 준비 과정에서 발하는 5월 15일과 16일, 그리고 26일의 통문에 참여하였다.[63] 그 결과 전 비서승 홍종우는 소수疏首, 허위는 제소製疏, 그리고 신기선申箕善·박정양朴定陽·조병식趙秉式·이건석李建奭 등 전직 관료와 유생들이 참여하여 열강의 이권 침탈

---

63 김대길, 〈성석 이건석의 생애와 국권수호운동〉, 《충북학》 5, 2003.

〇발회식] 그젓긔 오후 흐시에 황국협회 발긔식을 훈련원에셔 힝 홀 는 뒤 대쳥 밧긔 젼후좌우 는 울타리로 한게 힝야 막고 출입 힝 는 문은 흐 가온 뒤 송문 으로 놉히 흐고 국긔를 좌우로 돌 아스 며 세우고 대쳥 북편에 는 또 흐 국긔 흐 나를 놉히 대쳥 압흔 구름 으로 차일을 놉히 치고 졀 초 잇 게 버렷 스 며 쌍 쌍 이 노 코 칙상과 교의 를 온 국긔를 옷 깃것 스며 쏫졋 더라 쳐 음 졀 초 버렷 스 며 공쳔 힝야 시죵 리 거 에 회쥼에셔 회쟝을 숨고 정돈 흐 후에 회원 젼세성씨가 발 회식 취지를 쟝만 연셜 힝고 다음에 림시 회쟝 리긔동씨가 회식 대지를 말 흐고 즁 농 샹 공 황실의 긍쥬를 위 흐야 회쟝 실업 을 쥬의 힝쟈고 힝 는 뒤 회원 들이 되 공론 으로 회쟝을 쳔 흐더니 리긔동씨로 뎡 힝고 또 부 회 쟝을 엿더라 다음 을 공쳔 으로 부회 국긔를 힝쟝이 되 져 젼 포포로 쟝을 시죵 리긔동씨로 뎡 힝고 또 쟝을 위 흐야 만셰를 불으 고 더 다음에 쳔셰를 불으 고 무 슌 으로 헌영운씨로 뎡 힝고 종 즁 직림 에 반포 흐 더라 규칙과 쳬 칙을 져 죵 에 반포 흐 더라 파 례들 후에 회원들이 다 물 녀가 더라 회즁에 힝쟌 후에 회원들이 다 물

황국협회 발회식 기사(《독립신문》 1898년 7월 9일)

에 반대하는 상소를 올렸다.

한편, 허위는 황국협회의 정치운동에 참여하였다. 황국협회는 독립협회가 벌이고 있던 민권과 국정개혁운동에 위협을 느낀 친러파 정권과 보수적 유생들이 1898년 7월 7일 설립한 근왕적인 단체였다. 황국협회는 회장 이기동李基東과 부회장 고영근高永根을 비롯하여 홍종우洪鍾宇·길영수吉永洙 등 황실 측근 세력이 주도하였고, 각부 대신과 협판 등 정부 고관들이 참여해 설립하였다. 황국협회의 발기인에는 허위·이상천李相天·이문화李文和·황보연皇甫淵·이건중李建中·채광묵蔡光默 등이 포함되어 있었다.[64]

---

64 김대길 편, 〈建議疏廳原到記〉·〈建議疏廳文蹟〉의 建議三疏通文 (5월 16일)과 〈通文〉(5월 26일), 《영동 애국지사 이건석 자료집》, 충

1898년 11월 4일 밤 친러 수구파 정부는 황국협회를 동원하여 만민공동회를 습격하였다. 곧 정부는 독립협회를 반역단체로 규정하여 해산한 뒤, 만민공동회에 참석했던 박정양朴定陽 등 대신들을 파면하였고, 독립협회 회원 이상재李商在·정교鄭喬·남궁억南宮檍 등 17명을 체포하였다.[65] 그뿐만 아니라 정부는 11월 15일자로 독립협회를 비롯한 모든 사회단체의 해산을 선포하였다. 이때 황국협회도 해산되었다.

1898년 11월 21일 만민공동회는 정부의 부당한 탄압에 항거하여 조병식趙秉式·이기동李基東 등의 처벌과 헌의6조獻議六條의 조속한 실시, 독립협회의 복설을 주장하며 50여 일에 걸친 민중 집회를 벌였다. 이에 친러적인 수구파 정부는 11월 21일과 22일 황국협회 소속 보부상을 동원하여 만민공동회를 습격하였다. 허위는 황국협회에 소속되어 있었는데, 이때 벌어진 시가전에서 앞장섰다.

이때 황국협회와 독립협회의 폭력적인 대치 상황을 두고 황국협회에 참여하였던 민용호閔龍鎬는 다음과 같이 쓰고 있다.

북학연구소, 2004.

65   조재곤, 《보부상》, 서울대학교출판부, 2003, 132쪽.

황제께서 상공국장商工局長 길영수吉永洙를 13도도반수十三道
都班首 총령으로 삼았다. 나와 심상희沈相禧·홍종우洪鍾宇·이
기동李基東·김찬규金燦奎·김홍제金弘濟·송진옥宋振玉·이재화
李在華·나유석羅裕錫·허위許蔿·이상천李相天·황보연皇甫淵 등
수백 인은 좌우로 말처럼 바삐 몰아 대안문大安門(지금은 大
漢門으로 바뀜) 밖에서 독립협회를 부수었다. 남은 무리는 회
를 탈퇴하여 용산龍山·마포麻浦 등지로 물러났다. 또 북쪽으
로 도망하는 자를 추격하여 여러 명을 때려 죽이고, 부상당
한 자는 이루 헤아릴 수 없었다. 수령은 모두 이현泥峴의 일본
조계로 숨어들었다.[66]

　황국협회 소속으로 만민공동회를 습격하는 시가전에 앞장
선 인물은 허위를 비롯한 심상희·홍종우·이기동·김찬규·김
홍제·송진옥·이재화·나유석·이상천·황보연 등이었다. 이들은
1896년 을미의병 시기에 곳곳에서 창의하였다가 해산 이후 상
경했던 의병장 등 근왕 보수적인 인물들이었다.
　이와 같이 허위는 1898년 3월 무렵 상경하여 상소운동과 정
치 활동을 벌였다. 그는 아관파천 이후 근왕 보수적인 인물들

---

66 《고종시대사》 4집, 1898년 11월 10일.

과 교유하면서 광범한 인맥을 형성하였다.

2. 관료 생활과 구국운동단체에 참여하다

왕산 허위는 1899년 2월 1일 45세의 나이로 관직에 나아갔다. 1898년 3월 상경하여 상소운동과 정치운동에 참여하면서 알게 된 신기선申箕善이 그를 추천하였다. 고종에게 추천한 그 내용은 다음과 같다.

"허위의 경륜과 포부를 세상에서는 관갈管葛(관중과 제갈량)이라 일컬으니, 불러서 높은 벼슬로 등용할 때입니다." 하니, 임금이 말하기를 "신야莘野에 밭 갈던 노인과 동해에 낚시질하던 첨지僉知인들 천거하는 사람이 없으면 내가 어찌 알겠는가." [67]

고종황제는 허위의 경륜과 포부를 듣고, 2월 1일 원구단圜丘壇 사제서司祭署 참봉參奉을 제수하여 입시토록 하여, 1899년 2월 6일 영희전永禧殿 참봉參奉, 2월 22일 소경원昭慶園 봉사奉

67 민용호, 〈강북일기〉, 《관동창의록》, 121쪽.

허위의 평리원 판사 임명 교지

事, 4월 4일 성균관成均館 박사博士를 연이어 제수하였다. 4월 27일 성균관 박사에서 면관되기도 했지만, 다시 1903년 10월 승훈랑承訓郎을 거쳐 1904년 4월 3일 중추원 의관이 되면서 관료 생활을 이어갔다.[68]

허위의 이력을 보면, 1899년 4월 성균관 박사에서 면관된 뒤 1903년 승훈랑이 되기까지 행적이 드러나지 않는다. 그렇지만 분명한 것은 이 사이 허위가 서울 생활을 하면서 크게 변신하였다

68 〈행장〉,《왕산선생문집》권2.

는 사실이다. 이때 허위는 황국협회 활동을 통해 근왕 보수적인 인사들과 교유하였을 뿐만 아니라, 장지연張志淵을 통해 자주적 개화를 인식하였다. 또 진보의 홍구에서 사제 관계를 맺은 박상진朴尙鎭도 상경하여 그의 문하에서 신학문을 공부하였다.

허위는 상경하면서 만난 근왕 보수적인 인사들과 널리 교유하는 한편, 신학문을 섭렵하여 학문과 인품의 연마에 노력을 기울였다. 허위는 1903년 4월경 〈논시사소論時事疏〉와 10월 〈재소再疏〉를 올려 자주적인 개혁을 주장하였고, 1903년 6월에는 윤이병尹履炳·송수만宋秀萬 등과 함께 일본 제일은행권 유통반대운동에 참여하는 등 적극적인 정치투쟁을 펼쳤다.[69]

러일전쟁 이후, 허위는 4월 1일 주차 일본 공사관 수원隨員, 4월 3일 통훈대부通訓大夫 중추원中樞院 의관議官, 5월 11일 정3품 통정대부通政大夫, 5월 28일 평리원 수반판사首班判事, 8월 3일 평리원 재판장裁判長, 8월 10일 의정부 참찬參贊 등 고위 관직에 연이어 올랐다. 10월 27일에는 관제이정소官制釐正所 의정관議定官 등을 겸하였다. 1905년 1월 8일 의정부 참찬을 사직한 뒤, 일본을 배격하는 격문을 발하는 배일언론투쟁을 전개하던 3월 1일 비서원승秘書院丞에 올랐다.

---

69 《황성신문》, 1903년 6월 22일.

허위는 평리원 판사와 의정부 참찬, 그리고 비서원승 등 고위 관직에 있으면서 정치적 경륜을 쌓았다. 그는 법관으로서 평리원의 기강 확립에 전력을 기울이는 한편, 법질서와 법관의 품위 유지에 노력하였다. 그는 "법관이 법률을 행하지 못할 경우면 사직하겠다."는 비장한 각오로 임하여 세가勢家의 청탁을 물리치고 송리訟理대로 공결公決하였다.[70] 또 밀린 송사를 빨리 처리하여 백성들의 억울함을 해결하도록 하였다.[71] 그뿐만 아니라 평리원 검사들의 잘못된 관행을 바로 잡는 데도 노력하였다.[72]

한편, 허위는 관직에 나아간 이래 고위 관직을 역임하면서 배일단체와 연계하여 일본의 이권 침탈을 반대하는 배일투쟁을 펼쳤다. 그가 관료로서 전개한 배일투쟁은 일본 침략 세력을 당황케 하였고, 나아가 국민을 크게 고무시켰다.

당시 허위가 참여하여 활동하였던 배일단체를 살펴보면 다음과 같다.

허위가 참여하였거나 관련을 맺고 있던 배일단체는 황국협

---

70 《황성신문》, 1904년 6월 1일·7월 8일.

71 《황성신문》, 1904년 8월 6일.

72 《황성신문》, 1904년 8월 9일.

단체명	설립 시기	회원 구성	활동 목표
공제소 共濟所	1903. 6. 9.	송수만宋秀萬 · 허 위許 蔿 · 윤이병尹履炳 · 심상희沈相禧 · 김홍제金弘濟 · 이문화李文和	일본 제일은행권 유통반대운동
진명회 進明會	1904. 11. 26.	윤효정尹孝定 · 이원직李元稷 · 나유석羅裕錫 등	보부상을 규합한 단체
공진회 共進會	1904. 12. 6.	이 준李 儁 · 윤효정尹孝定 · 양한묵梁漢默 · 김정식金貞植 · 김진극金眞極	황실의 진원을 받으며 일진회 타도를 시도하던 단체, 1904년 12월 12일 진명회 통합, 1905년 2월 해산
정우회 政友會	1904. 12. 24.	허 위許 蔿 · 윤이병尹履炳 · 송수만宋秀萬 · 이상천李相天 등	반일 · 반일진회를 위한 정치투쟁
충의사 忠義社	1904. 8.	허 위許 蔿 · 여중룡呂中龍 · 이건석李建奭 · 우용택禹龍澤 · 강원형姜遠馨 · 이상룡李相龍 등	전 · 현직 관인 및 유생이 충군애국을 표방하며 설립한 단체

위 표는 근왕 보수적인 황국협회 참여 인물이 조직한 단체를 정리한 것
이다.

*日本外務省 編, 《日本外交文書》; 韓國內部警察局 編, 《顧問警察小
誌》(1910); 柳子厚, 《李儁先生伝》(1947); 趙恒來, 《韓末社會團体史論
考》(1972) 참고.

회 계열의 공제소共濟所·보안회輔安會·협동회協同會·공진회共進會·정우회政友會·충의사忠義社 등이었다. 허위는 1903년 6월 공제소가 벌인 일본 제일은행권 유통반대운동, 1904년 6월 한일의정서 반대투쟁과 황무지 개간권 요구 반대운동 등을 펼쳤다. 1904년 12월 6일 창설된 공진회에 참여하였고, 1904년 12월 24일 정우회를 조직하여 반일反日·반일진회反日進會를 위한 정치투쟁 등에 참여하였다. 그뿐만 아니라 1904년 8월경 전·현직 관인 및 유생이 충군애국을 내세우며 설립한 충의사忠義社에 참여하여 활동하기도 했다.[73]

3. 자주적인 개혁론을 펼쳐 중립적인 외교 노선을 주장하다

허위는 1903년 4월 윤이병·송수만·이상천·정훈모·박정빈·김연식 등과 연명聯名하여 〈논시사소論時事疏〉(시사를 논하는 상소)를 올려 자강개혁론自强改革論을 펼쳤다. 이 상소는 성균관成均館 박사博士 재임 동안 올렸는데, 허위는 러시아와 일본의 대

73 권대웅, 〈한말 재경 영남유림의 구국운동〉, 《일제의 한국침략과 영남지방의 반일운동》, 한국근대사연구회, 1995.

伏以

陛下方在哀遑之中、臣民舉切過密之情、固

非因事上言之時、而現今國勢危如一髮駭機迫於

呼吸、救焚濟溺、疾痛號呼、寧可以守常循例泯默以

侯乎、所謂日俄和議、臣等雖未知其實狀真諦、各

館之護兵陸續入來、以之兵備傳說浪藉矣、甲午之

變、前鑑不遠、夫以堂堂自主之國、而強隣之窺伺凌

壓一遷再遷而不知止、以我之弱也、我之弱非土地

之小也、非人民之寡也、非財力之貧也、乃政治之不

立也、政一舉則雖如丹馬葡牙之國、未嘗受人壓制、

蓋古往今來、未聞善治其國、而有他國來侵者也、君

허위의 〈논시사소〉

립 구도 속에서 자주국을 지키려면 내정과 외교를 개혁해야 하고, 그 개혁을 추진하려면 먼저 친러파와 친일파의 우두머리 이용익李容翊과 이근택李根澤을 주살해야 한다고 주장하였다.

우선 허위는 〈논시사소〉에서 대한제국이 당당한 자주국임을 밝히고, 러시아와 일본의 침범은 우리나라가 약하고 정사가 바르지 못하기 때문이라고 하였다.

대저 당당한 자주국가自主國家이건만 강성한 이웃이 틈을 엿보다가 업신여기고 위압하는 짓을 한 번 부리고 두 번 부려서 그칠 줄 모름은 우리가 약하기 때문입니다. 우리가 약함은 땅덩이가 작기 때문이 아니고, 인민이 적기 때문도 아니며, 재력이 가난하기 때문인 것도 아닙니다. 정사가 밝지 못하기 때문입니다. 정사를 한번 일으킨다면 비록 단마丹馬(덴마크)·포아葡牙(포르투갈) 같이 작은 나라도 일찍이 남의 압제를 받은 적이 없었습니다.

대개 예부터 그 나라를 잘 다스리는데 다른 나라가 와서 침범했다는 것은 들은 바가 없습니다. 임금과 신하가 한마음으로 백성을 편하게 하고, 근본을 굳히면서 공평하게 정사를 시행하고, 신의로써 이웃 나라와 교섭한다면 외적이 어찌 스스로 오겠습니까. 오직 그렇게 못해서 조정의 정사가 어지럽고,

백성이 밑에서 원망하며, 군중이 배반하고 친척이 이산하여 위태롭게 됨으로 스스로 지탱하지 못하옵니다. 이에 외국 세력에게 기대어서 진秦·초楚가 서로 다투다가 드디어 화란禍亂이 잇달아 나오듯이 형편이 반드시 그렇게 됩니다.[74]

이 상소에서 허위는 첫째, 정사政事를 바르게 하고, 둘째, 재정財政을 실사구시實事求是토록 하며, 셋째, 백성을 착취하지 말 것이며, 넷째, 외교는 전적으로 외부에 위임하여 자립적인 모습을 보일 것을 해결책으로 제시하였다. 더욱이 허위가 말하는 외교는 어느 한 국가에 의지하지 않는 중립적 외교 노선이었다.

대개 러시아를 지지하는 패거리와 일본을 지지하는 무리가 나와서는 나라가 될 수 없습니다. 러시아가 성상聖上을 호위한 공은 있지만 동양을 모두 삼키려는 뜻이 없지 아니하고, 일본은 국모를 시해한 원수이지만 함께 동양을 지키려 했으니 역시 할 말이 있을 것인즉, 러시아의 공은 감사하지만 강토를 빼앗길 수 없고, 일본에 대한 복수는 반드시 갚아야겠지만 종사宗社를 돌보지 않을 수는 없습니다. 오늘날 일본과 러시아가

---

74 〈疏〉'論時事疏',《왕산선생문집》권1.

서로 버티며 만주에서 사달을 일으켜 우리 대한제국에서 끝장 내려 합니다. 우리 대한제국은 마땅히 우리 강토와 종사를 보존하는 데 마음을 써야 하나 도리어 러시아와 할지 일본과 할지 의논을 정하지 못하고 있습니다. 오랑캐는 벌써 강을 건너 왔건만 경대부卿大夫가 그 이해利害를 말하지 못함은 무엇 때문입니까. 러시아에 아부하지 않는다 해서 반드시 모두 왜당倭党은 아닐 것이며, 일본에 아부하지 않는다 해서 반드시 모두 아당俄党은 아닐 것입니다. 그러나 근래 조정에서 나타나는 논평으로 말할 것 같으면 러시아에 의지할 수 없다고 하면 왜당倭党으로 생각하니 문득 가슴을 쓰다듬으며 가만히 탄식하고 입을 다물어 혐의를 피할 뿐입니다.[75]

허위는 한국을 둘러싼 러·일의 각축을 열강의 대립 구도로 파악하고 외교의 방향을 제시하였다. 그는 러·일의 대립 구도에서 중립적 외교 노선을 선택하는 것이 자주국으로 나아갈 수 있는 길이라 생각하였다. 그래서 이러한 러·일의 대립 구도에 편승하고 있는 친러파 이용익과 친일파 이근택을 처단해야 한다고 주청했던 것이다.

---

75 〈疏〉 '論時事疏', 《왕산선생문집》 권1.

더욱 심한 것은 폐하 앞에서는 매양 러시아 세력을 강조하다가 일단 합문閤門 밖을 나서면 다시 일본 공사관으로 달려가 꼬리를 흔들며 애걸해서 제 몸 온전하기만을 도모한다는 점입니다. 이로써 본다면 왜당倭黨·아당俄黨이 따로 있는 것이 아니고, 이른바 아당이 바로 왜당입니다. 내장원경內藏院卿 신臣 이용익李容翊과 경위총관警衛總管 신臣 이근택李根澤이 바로 그런 사람들입니다. 먼저 두 사람의 머리를 벤 다음이라야 내정을 바르게 할 수 있고, 외적을 막을 수 있어서 국가가 지탱해나갈 희망이 있을 것입니다.[76]

이와 같이 허위는 대한제국이 자주국으로서 동등하게 외국과 교섭하려면 중립적인 외교 노선을 선택해야 한다고 주청하였다. 동시에 러시아를 지지하다가 궁궐 문을 나서면 일본에 붙어 아첨하는 대신들을 준엄하게 꾸짖으며 처벌할 것을 건의하였다. 허위 등은 이 상소에 대한 비답을 받았지만, 아무런 조치가 이루어지지 않았다.

1903년 10월 승훈랑承訓郎에 오른 다음 허위는 다시 상소를 올렸다. 이때는 대한제국의 이권을 둘러싼 러·일의 경쟁이 한

---

76 〈疏〉'論時事疏',《왕산선생문집》권1.

批曰 省疏具悉爾等憂國愛君之誠,良庸嘉尚,

所陳諸條,可不留意,

　再疏

伏以臣等前以痛迫危激之辭,仰陳 天陛,惶恐俯

伏以俟誅殛者有日矣, 聖慶至大特下 恩批揆分

悚感罔知措躬,而但未蒙明白處分,則繼之以悶迫

不能定情也,目今國家之禍機層生, 宗社之危亡

卽迫,區區憂愛之忱,終不忍自絕於天地父母,不避

斧鉞之誅,又復仰瀆於黈纊之下,伏惟 聖明垂察

焉,今日國勢之危迫,未嘗不在於外隣之壓侮,而外

十四

허위의 〈재소〉

층 심화되고 있었다. 허위 등은 〈재소再疏〉에서 이용익과 이근 택의 죄상을 들어 그들을 처단할 것과 내정 개혁을 하며 국민 의 원성을 풀어줄 것을 주청하였다.

오늘날 나라 형편이 급박하게 되었음은 외국의 위압威壓에 있 었습니다만, 일찍이 내정의 괴란壞亂으로 말미암은 것입니다. 안으로 그 정사가 무너지고 밖으로 남의 무시를 받아서 어떻 게 할 수 없음에 이른 것은 실로 소인에게 국가 일을 시켰기 때문입니다. 무릇 지금 나라를 그르친 소인을 하나하나 들기 불가하나 특히 그 심한 자를 든다면 지난번 올린 상소 가운 데 이용익과 이근택을 베어 죽이도록 청한 바 있습니다. (중 략) 원하옵건대 폐하께서는 결단을 내리시어 먼저 용익의 머 리를 베어 거리에 달아서 국민들의 분노를 풀도록 하시옵소 서. 그 밖에도 나랏일을 그르친 간인奸人들을 낱낱이 골라 죄 로 다스리시옵소서. 법령을 거듭 밝혀서 상하가 서로 믿게 하 고, 요사한 무리를 쫓아내어 궁금宮禁을 깨끗이 하고, 뇌물을 막아 공기公器를 중하게 하며, 진언의 길을 열어 어진 사람을 불러오고, 옥수獄囚를 빨리 다스려 민원을 풀어주며, 재물을 절약해서 백성이 힘을 펴게 하고, 모든 관서官署에 위임하여 임금의 위엄을 높게 할 것입니다. 괴란壞亂된 내정을 밝게 고

쳐서 자강自强의 기초基礎를 세운다면 외국인의 압박과 무시는 저절로 사라지게 될 것입니다. 신은 황공함을 이기지 못해 당황할 따름입니다.[77]

또 이어서 1904년 4월 1일 주차 일본 공사관 수원隨員을 거쳐 4월 3일 중추원 의관議官에 올랐다. 이 기간은 러일전쟁이 벌어지던 시기였고, 〈한일의정서韓日議定書〉가 이미 체결된 상황이었다.

허위는 4월 이후 또 다시 이용익·김영준을 탄핵하는 상소를 올렸다.[78] 이때 허위는 일본 공사 수행원이었기 때문에 일본에 대해 노골적인 반대를 할 수 없었는지 모르지만, 내정 개혁을 위해 탐관貪官 이용익과 김영준을 탄핵하는 데 관심을 기울이고 있었다.

---

77 〈疏〉'再疏', 《왕산선생문집》 권1.

78 〈疏〉'効李容翊金永準疏', 《왕산선생문집》 권1.

4. 공제소에 참여하여
제일은행권 유통반대운동을 벌이다

일본은 1902년 영일동맹 이후 소위 '폐제幣制의 근대화'란 명목으로 한국 정부의 양해나 허가 없이 제일은행권을 유통시켰다. 이에 보부상들이 일본 화폐의 침투에 대한 반대운동을 펼쳤다.

1903년 6월 9일 송수만 등이 종로鐘路에 고백문告白文을 붙이고, 전국 각처에 통문을 발하였다. 또 공제소에서도 광고문을 붙이고, 전판사 윤이병尹履炳 등 9명이 연서連書하여 13부府 9항港에 통문通文을 붙였다.[79] 허위는 미관말직인 승훈랑으로 공제소가 주도하였던 일본 제일은행권 유통반대운동에 참여하였다.

공제소는 소장 윤이병, 총무 심상희沈相禧, 주무 고석주高石柱 등이 주도한 보부상 단체이며,[80] 허위를 비롯해 송수만·윤이병·심상희·김홍제·이문화 등이 참여하여 일본 제일은행권 유통반대운동을 펼쳤다.

당시 허위·송수만 등이 전국 곳곳으로 보낸 통문의 내용과 공제소가 붙인 광고문의 내용은 다음과 같다.

---

79 《주한일본공사관기록》, 1903년 6월 23일; 《고종시대사》, 1903년 7월 4일.

80 《황성신문》, 1903년 6월 20일.

자료17. 공제소 통문 기사(《황성신문》 1903년 6월 22일)

〈통문通文〉

이하를 통유한다. 화상華商 동순태同順泰의 지표紙票와 일인日人의 은행권銀行券을 절대 유통시키지 말라는 것은 이미 통고하여 모든 이의 약속이 되었으나, 현재 다시 통용되기 시작해 물가가 급등하여 나라를 병들게 하고 백성을 해롭게 함이 이보다 더한 것이 없게 되었다. 이를 생각함에 미쳐 참담함을 이기지 못할 지경이다. 상황이 이러하니 조치가 없을 수 없다. 이에 다시 널리 알리니, 날이 밝은 뒤 발리전鉢里廛에 모여 백성과 나라를 함께 구하여 이전과 같은 강태康泰한 땅을 이루자.

광무光武 7년 음력 5월 14일

각사금중상첨좌하各砂金中商僉座下

송수만宋秀萬 등

〈광고문廣告文〉

근래 화폐로 말미암은 폐단이 이미 수습하기 힘든 지경까지 이르렀는데, 하물며 화상華商 동순태同順泰와 일인日人의 은행권銀行券이 다시 출현하여 물가가 앙등하니 날마다 다르고 때마다 같지 않다고 할 만하다. 생민生民의 곤궁과 수난이 조석朝夕도 지키지 못할 상황에 이르렀다. 이에 국인國人이 큰 모임을 가지고 원표圓票와 은권銀券을 사용치 말자는 뜻을 세워 서명하고 죽음으로써 맹세하노니, 앞으로 이를 지키지 않는 자가 있으면 국인 모두가 죽여도 좋다고 말할 것이다. 조심스럽게 약속을 지키고 각자 성명性命을 보전하여 후회하는 일이 없도록 해야 할 것이다.

광무光武 7년 음력 5월 24일

공제소共濟所 인印

동대문東大門

송수만과 허위·윤이병·심상희·김홍제·이문화 등은 친러 수구파 세력이었으며, 황국협회의 회원이었다.

공제소는 일본 제일은행권의 유통에 반대하는 광고문을 붙이고 통문을 발하는 한편, 서울 곳곳에 정찰대를 파견하여 제일은행권의 유통을 방해하였으며,[81] 종로에서 대규모 군중집회를 열기도 하였다. 이에 일본공사 하야시 곤스케林權助는 송수만 등에 대한 엄벌을 요청하는 한편, 공제소의 활동을 단속하지 않으면 정부를 상대로 국제 담판을 개시할 것이라 협박하였다.[82]

끝내 대한제국 정부는 순검을 파견하여 군중을 강제로 해산하고, 통문을 주도한 송수만 등을 체포하였다. 그리고 1903년 7월 공제소에 대해 해산령을 내렸다. 그럼에도 허위·윤이병·심상희·김홍제·이문화 등은 앞으로 펼칠 운동에 필요한 경비를 모았다.[83]

81 《주한일본공사관기록》, 1903년 6월 22일.

82 《주한일본공사관기록》, 1903년 6월 23일.

83 《주한일본공사관기록》, 1903년 7월 16일.

5. 한일의정서와 황무지 개간권에
반대하는 격문을 발하다

1904년 5월 16일 허위는 이상천과 함께 중추원 의관의 자리에서 면직되었고,[84] 5월 28일 평리원 수반판사首班判事에 임명되었다.[85] 이에 허위는 6월 10일 사직 상소를 올렸으나 받아들여지지 않아,[86] 결국 같은 달 13일부터 해당 업무를 보기 시작하였다.[87]

1904년 2월 러일전쟁을 도발한 일본은 곧바로 한국에 〈한일의정서〉를 강요하여 한국의 내정과 외교에 간섭할 근거를 마련하였다. 뒤이어 일본은 한국 지배를 위한 후속 조치들을 취하여 5월 말 〈대한방침對韓方針〉·〈대한시설강령大韓施設綱領〉·〈대한시설세목對韓施設細目〉 등 세부 방침을 확정하였다.

더욱이 〈대한시설강령〉에는 한국의 농업과 황무지 개간권荒蕪地 開墾權을 명시하여, 한국을 일본의 식량과 원료의 공급지로

---

84 《일성록》, 1904년 4월 2일; 《황성신문》, 1904년 5월 30일.

85 《황성신문》, 1904년 5월 30일.

86 《황성신문》, 1904년 6월 9일.

87 《황성신문》, 1904년 6월 13일.

개편하고, 일본인의 이민을 대대적으로 실시하고자 하였다. 이에 따라 일본 정부는 대장성大藏省 관방장官方長을 역임한 나가모리 도키치로長森藤吉郎를 한국에 파견하여 1904년 6월 6일 하야시 곤스케와 함께 황무지 개간권을 한국 정부에 요구하였다.

일본의 황무지 개간권 요구 내용이 6월 중순부터 민간에 알려지자 전 국민이 반대운동을 펼쳤다. 특히 전직 관료와 유생들은 격문과 상소로 일본을 통렬히 비난하였고, 《황성신문》 등 언론에서도 논설과 기사로 이를 규탄하였다. 이리하여 일본의 황무지 개간권 요구를 반대하는 여론은 점차 격렬해졌다.

1904년 6월 28일(음력 5월 15일) 평리원 판사 허위를 비롯하여 이상천·박규병·김연식·정훈모 등이 연서한 〈배일의거통유문排日義擧通論文〉이 전국에 발송되었다. 이 통유문은 일본의 한국 침략을 폭로하여 규탄하고, 나아가 전국적으로 일본에 맞서 일어날 것을 호소하는 것이었다. 이 통유문의 내용은 다음과 같다.[88]

〈배일의거통유문排日義擧通論文〉
삼가 대의로써 통고한다. 우리들은 《춘추春秋》에서 복수를 중요시하고 왕은 강토를 지키기에 힘써야 한다고 들었다. 원수

---

88 《주한일본공사관기록》, 1904년 6월 25일.

〈배일의거통유문〉 끝부분(국사편찬위원회 소장)

飛通于道□同志裂永崇而爲旗毀組鈞而爲□
爻爻聚保群舊相援首尾相應則鄰亦糾合
義旅賦風順呼庶襞天助神佑矣義兵于
戈相接兵士固於金革后者疫於軺輸盍接不暇
矣且狄汲黨民憲立相爲蒿藤固諭未定雜及於
連累此勝之機時不可失勿復遲疑此五月
晦日一時奉率 宗社辛民李氏

光武八年五月五日養文平理院判事許□爲
前 议 友李相天
嵩南□郡南居長朴圭東
漢城裁判所首班判事金種植
前 恭奉 鄭黄謨

此□中通到印時飛信各郡伴을不聞不□之斃率
朴封
水原觀察府미
하나議書
觀察使 大人 閣下 이편지을 유원판청오오
皇城校問陸上正
内封
水原府 校中 金庠下
皇城□內建議所 敬通

가 있으되 복수를 아니하면 사람이 사람 노릇을 할 수 없고, 국토가 있으되 지키지 못하면 나라가 나라 노릇을 할 수 없고 했으니 이것이 바로 고금에 통하는 뜻이다. 일본은 우리나라에 대하여 전번에 두 번이나 왕릉을 욕보였고 근래에는 을미년 원수가 되었으니, 저들과 같은 하늘 밑에 살 수 없음은 어린아이와 부녀자도 모두 아는 사실이다. 저들은 최근 용암

포龍岩浦 사건으로 러시아 사람들을 내쫓을 구실로 의로운 깃발을 올린다고 돌연히 출병해서 우리 외부外部를 위협하고 협약을 맺었다.

첫째, '시정施政을 개선하고 충고를 받아들인다'는 것은 언뜻 보기에는 좋은 것 같으나 실은 우리의 내정을 간섭하려는 것이다. 둘째, '대한의 황실 및 영토가 위험한 경우에는 필요한 임기응변의 조처를 빨리 취한다'는 것은 겉으로는 우리를 위하는 것 같으나 실은 우리의 국권을 빼앗으려는 것이다. 셋째, '군략상 필요한 지점을 때에 따라 사용한다'는 것은 말과 행동이 어긋남을 나타내는 것이요, 우리나라를 집어삼키려는 뜻을 부드럽게 나타낸 것이다.

이 협약은 구절마다 공법公法에 위배될 뿐 아니라, 전국의 이利를 취하는 데 털끝 하나 놓침이 없었다. 서북 지방의 고기잡이와 철도는 이미 저들의 손아귀에 들어갔으며, 말이 달리듯 우리 땅에 들어와 섞여 사니 국내가 황폐하게 되었다. 여기에다 또 이 조약을 인정하였으니 일국의 강토는 어찌 되겠는가. 의리로 보더라도 악독한 원수는 꼭 보복해야 하고, 시세로 보더라도 강토는 꼭 보전해야 하는데, 앉아서 망하기를 기다리느니보다 온갖 힘을 다하고 마음을 합하여 빨리 계책을 세우자. 진군하여 이기면 원수를 보복하고 국토를 지키며, 불행히

죽으면 같이 죽자. 백성의 마음이 단결하여 한 소리에 서로 응하면 용기가 백배하고 충신의 갑옷과 인의仁義의 창이 분발되어 곧 나아가니 저들의 강제와 오만은 꺾일 것이다. 여러 동지들에게 원하노니 이 피 쏟아지는 원한을 같이 하자. 비밀히 도내 각 동지에게 빨리 통고하여 옷을 찢어 깃발을 만들고, 호미와 갈퀴를 부수어 칼을 만들고, 곳곳에 모여서 성세聲勢가 서로 돕고 머리와 끝이 서로 닿으면 우리들은 의군義軍을 서로 규합하여 순리에 좇게 되니 하늘이 도울 것이다. 저들과 러시아 군대가 서로 싸우니 병사가 전쟁 때문에 피곤하고 백성이 보급품을 옮기기에 응집할 틈이 없다. 또 저들의 정당政党·민당民党이 서로 갈등하여 국론이 미정되니 이러한 난국은 틀린 전략을 가져올 것이다. 이것이 바로 우리들의 필승의 기회이니 때를 놓치지 말고 지지부진한 의심을 말자. 5월 30일 일시에 거사하면 종사가 다행하며 신민이 다행이리라.

광무光武 8년 5월 15일 발문

평리원平理院 판사判事	허 위許 蔿
전의관前議官	이상천李相天
농상공부農商工部 상공국장商工局長	박규병朴圭秉

한성재판소漢城裁判 수반판사所首班判事   김연식金璉植

전참봉前參奉   정훈모鄭薰謨

이 통문 도착 즉시 빨리 각 군에 전하여 듣지 못하거나 알지
못하는 폐단이 없도록 할 것.

허위는 이 통유문에서, 〈한일의정서〉의 침략성을 조목조목
들며 논리적으로 반박하여 일본의 내정간섭과 국권 약탈의 부
당성을 드러냈다. 나아가 7월 12일(음력 5월 30일)을 기하여 의
병을 일으킬 것을 촉구하였다.

이 통유문은 서울과 경기도 일대를 비롯하여 평안도 영변寧
邊과 안주安州까지 배포되었다. 더욱이 영변에서는 격앙된 민중
이 일본군에게 발포하기에 이르렀다.[89] 13도에 발송된 통유문
은 당시 전국적으로 전개된 일본의 황무지 개간권 요구에 대한
반대투쟁과 더불어 일제의 심기를 자극하였다.

일제의 간섭 아래 내부內部에서는 '평리원 판사 허위의 성명
을 사칭'한 것으로 규정하고, 각 도에서는 이 통유문이 도착하
는 즉시 불태우도록 지시하였다.[90] 곧 허위 등의 명의를 도용한

---

89 《주한일본공사관기록》, 1904년 7월 17일.

90 《황성신문》, 1904년 7월 2일.

통문으로 보았던 것이다. 이에 진주관찰사晉州觀察使와 전남관찰서리全南觀察署理는 이 통문이 이르자마자 불태웠다고 내부에 보고하였다.[91]

한편, 허위 등의 통유문에 이어 〈윤병통문尹秉通文〉이 전국적으로 발송되었다. 이 통문은 전비서승前秘書丞 윤병尹秉이 각 도에 발송한 것인데, 이것은 황무지 개간권 요구 반대운동과 관련된 것으로[92] 정부에서는 전일 허위가 발했던 통유문의 예에 따라 금단禁斷하라고 지시하였다. 이에 신사소청紳士疏廳에서는 '윤병尹秉의 통문이 허위의 통유문과 의미가 다름에도 정부에서 잘못 이해하여 전훈電訓으로 금지했으니 구애되지 말 것'이라고 [93] 특별 고시했다.

신사소청은 윤병尹秉·홍필주洪弼周·이기李沂·노일수盧日壽 등이 결성한 진신장보소청縉紳章甫疏廳으로 일본의 황무지 개간권 요구에 반대하는 상소를 주도하였는데,[94] 허위 등이 실제로 통유문을 작성한 것으로 파악된다.

---

91 《황성신문》, 1904년 7월 5일·7월 25일.

92 《황성신문》, 1904년 6월 29일.

93 《황성신문》, 1904년 7월 15일.

94 최기영, 〈헌정연구회에 관한 일고찰〉, 《1900년대 애국계몽운동연구》, 아시아문화사, 1993.

허위의 통유문이 전국적으로 배포되자, 일본 측은 서울에서 이루어졌던 군중집회 금지의 필요성을 강조하였다. 이리하여 일본 공사 하야시 곤스케는 대한제국 정부가 황무지 개간권 반대의 군중집회를 금지하지 않을 뿐만 아니라 격문의 주도자를 방면하고, 오히려 금전을 내려 반대 집회의 기세를 돋우고 있다고 생각하였다.[95]

또한, 일본 공사관에서는 평리원 판사 허위가 송수만 등의 황무지 개간권 요구 반대운동과 관련이 있고 '인심을 선동하여 일본을 배척한다'는 이유를 들어 그 권한을 정지시키고자 하였다.[96] 곧 '허위와 같은 자는 황무지 문제가 일어나자 격문을 기초하여 이로써 보안회를 선동한 자이다'라고 규정하였다.

그러나 허위는 통유문을 직접 작성했다고 주장한 적도 없었고, 정부도 일본 측의 항의에 별다른 조치를 취하지 않았다.[97] 따라서 일본 측의 요구가 있었음에도 허위는 평리원에서 계속 근무할 수 있었다.

95　《주한일본공사관기록》, 1904년 7월 17일.

96　《法部來案》외부편 13책, 奎 17795, 照覆 제13호, 1904년 7월 26일.

97　조재곤, 〈왕산 허위의 관직생활과 항일투쟁〉, 《왕산 허위의 나라사랑과 의병전쟁》, 구미시·안동대학교박물관, 2005.

6. 의정부 참찬으로 자주적인 개혁안을 내다

평리원 판사로 근무했던 기간에도 허위는 비범한 능력과 용기를 발휘하여 권세 있는 대신들의 청탁과 압력에도 굴하지 않고 모든 소송을 공정하게 재판하였다.[98]

허위는 1904년 8월 3일 평리원 재판장 서리에 임명되었다. 오늘날의 대법원장 서리에 해당하는 직급이다. 그는 평리원 재판장이 되자 밀린 송사를 며칠 사이에 모두 처리하고 송사가 밀리는 일이 없도록 조치함으로써 백성들에게 많은 칭송을 들었다.[99]

허위는 1904년 8월 10일 의정부 참찬에 임명되었고 황제에게서 매옥전賣屋錢 8만 냥을 특별히 하사받았다.[100] 그는 취임하면서 국가의 폐단을 없애고 벼슬길을 맑게 할 것을 주장하며, 다음과 같은 10가지 헌의獻議를 제출하였다.[101]

---

98 《황성신문》, 1904년 6월 1일.

99 《황성신문》, 1904년 8월 6일.

100 《황성신문》, 1904년 9월 7일.

101 허복 편술, 〈왕산 허선생 거의사실 대략〉, 《독립운동사자료집》 2, 독립운동사편찬위원회, 1971, 237쪽.

첫째, 학교를 세워 인재를 기를 것. 그 재주가 우수한 자를 골라서 외국에 유학시킬 것.

둘째, 군정軍政을 닦아서 '불시의 변'에 대비할 것. 군사는 농사에서 나오고, 농사는 군사에서 나오는 것이니 봄·가을로 무술을 연습하고 출입하면서 농사꾼과 교환할 것.

셋째, 철도를 증설하고 전기를 시설하여 교통과 산업에 이바지할 것.

넷째, 연탄煙炭을 사용하여 산림山林을 보호·양성할 것.

다섯째, 건답乾畓에는 수차水車를 써서 물을 대도록 할 것.

여섯째, 뽕나무를 심어 누에를 치고, 못을 파서 물고기를 기르며, 또 육축六畜을 기르도록 힘쓸 것.

일곱째, 해항세海港稅와 시장세市場稅를 날로 더하고 달로 증가시켜 장사꾼들에게도 공평한 이익을 얻도록 할 것.

여덟째, 우리나라 지폐紙幣는 폐단이 심해서 물가는 몹시 높고 화폐는 지극히 천하여 공사公私의 허다한 재용財用이 고르지 못한즉, 은행을 설치하여 금·은·동전銅錢을 다시 통용시킬 것.

아홉째, 노비를 해방하고 적서嫡庶를 구별하지 말 것.

열째, 관직으로 공사를 행하고, 실직實職 이외에는 차함借啣하는 일을 일체 없앨 것.

위 헌의에서 보면, 허위는 봉건적 구습을 청산하고 백성들이 풍요롭게 살 수 있는 방책으로 개혁안을 제시하였다. 보수적인 유생이었던 허위가 척사적 입장을 탈피하여 자주적인 개혁을 주장했던 것이다. 이러한 관점에서 보면, 허위는 서울에 상경한 뒤 미관말직에 있으면서 동향의 진보적 인사인 장지연張志淵 등에게서 신학문과 신사상을 수용하여 사상적인 혁신을 이룩하고 있었다는 것을 알 수 있다.

허위의 개혁안은 당시 수구파 대신들이 정부를 장악하고 있었기 때문에 받아들여질 상황이 아니었다. 개혁안이 채택되지 않자, 그는 곧 사직상소를 올렸다.

신은 풀 속에 묻힌 천한 물건으로 재주와 식견이 얕고 짧아서 높은 벼슬에 오를 수 없사옵고, 또 이름이 드날릴 수도 없사옵니다. 그리하여 밭두둑 사이에 엎드려 분수에 따라 살고 있을 뿐이더니, 저번 을미乙未에 국가의 큰 변을 만나오매 생각하옵건대 춘추지의春秋之義에 난신적자亂臣賊子는 사람마다 모두 베인다 하였습니다. 신臣이 비록 못났사오나 폐하의 덕화德化 속에서 생장하였사오니, 다만 의리義理라는 두 글자가 있는 것을 알 뿐이고 성패와 이해는 돌아다보지 않고, 이에 감히 풀 위에 잠자고, 창을 잡아 한 마음으로 적을 쳐서 나라를 회복할 생각을 먹었습니다. 혹 괘효掛孝하고 의병義兵을 규합하며, 혹 글을 올려 대궐 앞에 부르짖었사오나 마침내 털 끝만 한 보답도 되지 못하옵고 한갓 폐하의 조심만 끼친 것이 이미 1년이 지났습니다. 그러하건대 어찌 폐하께서 신을 죄 주시지 않을 뿐 아니라 도리어 발탁하시어 1년 만에 승진하 여 재상의 반열에까지 이를 줄 알았겠습니까. 신의 용렬함을 생각하오면 만에 하나도 이럴 수가 없사옵니다. 신이 만일 오 랫동안 어진 사람들의 길을 막고 있으면 이는 더욱 죄를 더할 뿐이고, 위로는 우리 성상聖上께서 종시 보전해주시는 은택을 보답하는 것이 되지 못하겠나이다. 이에 감히 마음속의 간절 함을 아뢰오니 엎드려 바라옵건대 성명聖明께서는 급히 신 맡 은바 책임을 갈아서, 주석柱石의 신하를 골라 나라를 광구匡 救하는 효험이 있게 하시옵소서.[102]

허위의 사직상소는 받아들여지지 않았고, 그는 8월 말부터 의정부 참찬으로서 직책을 수행하였다. 이즈음 허위는 일본군 사령부에서 군수품 수송에 필요한 노동력을 징발하는 문제에 관심을 두었다. 그는 일본군 사령관을 방문하여 '역부를 강제

102 허복 편술, 〈왕산 허선생 거의사실 대략〉, 《독립운동사자료집》 2, 독립운동사편찬위원회, 1971, 237쪽.

로 모집하는 일은 폐단이 있으므로 자원자 외에는 일체 뽑지 말 것을 각지 병참소兵站所에 전보하여 강제로 모집하는 폐단을 없게 하라'고 주장하였다. 그 뒤에도 허위는 철도 역부 문제와 그 해결책에 지속적인 관심을 가졌다.[103]

7. 대한협동회에 참여하고 재정화폐 정리를 반대하다

1904년 9월 허위는 의정부 참찬이라는 관인 신분임에도 대한협동회大韓協同會에 참여하여 주도적인 역할을 하였다. 대한협동회는 보안회를 계승한 단체로, 일본의 황무지 개간권 요구와 토지 침탈에 대해 반대운동을 펼친 단체였다.

1904년 7월 13일 조직된 보안회는 원세성·송수만·이기 등이 조직하여 일제의 침략과 황무지 개간권 요구를 규탄하는 대규모 민중 시위운동을 벌였다. 이에 일제는 보안회 회의장에 군대를 투입하여 해산을 강요했고, 간부들을 납치하였다.

1904년 8월 4일 일제는 외부대신에게 황무지 개간권 요구의 철폐를 통보했다. 이로써 보안회는 일본의 황무지 개간권 요구

---

103 《대한매일신보》, 1904년 8월 30일·8월 31일.

를 철회시킨다는 목적을 달성하였다. 대신 일본군 헌병사령관은 보안회의 명칭 대신 새로운 회명으로 변경할 것을 요구하였고, 보안회 평의원에서는 회명을 '협동회協同會'로 바꾸었다.[104]

대한협동회는 회장 이상재李商在, 부회장 이준李儁을 선출하였다. 그리고 임원으로는 총무 정운복鄭雲復, 평의장 이상재李商在, 서무부장 이동휘李東輝, 편집부장 이승만李承晩, 지방부장 양기탁梁起鐸, 재무부장 허위 등을 임명하였다. 얼마 뒤 대한협동회는 이준을 회장으로 선출하고, 황무지 개간권 요구에 협조하였던 궁내부대신 민병석, 외부대신 이하영의 탄핵을 계획하기도 하였다.[105]

1904년 10월 17일 탁지고문度支顧問에 임명된 메가타 다네타로目賀田種太郎는 전환국典圜局 폐지, 백동화白銅貨 폐지, 제일은행권 통용, 예산편성법 개정, 관세 합병 등 재정화폐財政貨幣 정리에 착수하였다. 그에 앞서 9월 28일 메가타가 재정화폐 정리 준비를 했는데, 이때 허위는 반대 입장을 분명히 하였다.

우선 허위는 10월 상순경 신기선과 함께 메가타를 방문하여 백동화 개혁에 대해 반대 의사를 전했다. 곧 '하루 바삐 한국

---

104 《고종시대사》 6집, 1904년 9월 11일.

105 유영렬, 〈애국계몽운동의 전개〉, 《한국사》 43, 국사편찬위원회, 1999, 298쪽.

화폐를 개량할 터인데 원본
위화폐를 새로 만들 수는 없
으니 불가불 일본서 쓰던 대
은전大銀錢을 내어다 쓰자'는
[106] 메가타의 개혁안을 반대
한 것이다. 또 10월 11일경 정
부 회의에서 탁지부 예산 지
출과 재정財政 전권專權을 메
가타에게 주는 것도 반대하
였다.[107] 그뿐만 아니라 허위
는 일본공사 하야시 곤스케
가 공주관찰사 심건택의 면

○방문고문 일젼에 참정신긔
션씨와 참찬 허위씨가 탁지고문
관목하면씨를 차저가 본죽 목하
면씨의 말이 하로밧비 한국화폐
를급군허기량호러인뒤원위화
둘시로이 만들슈는 업스니불가
불일본셔 쓰던대은젼을 너여다
쓰쟈고 호더라더라

백동화 개혁 반대 기사(《대한매일신보》
1904년 10월 10일)

관을 요구하자, 황제에게 상주하여 '일본공사가 관리 임면권에
간섭'하는 것을 지적하기도 했다.[108]

당시 정부 내에서 허위는 참정 신기선을 비롯한 정부대신들
과 함께 시정施政 개선과 정치 개선을 논의하였다. 이리하여 어

---

106 《대한매일신보》, 1904년 10월 10일.

107 《황성신문》, 1904년 10월 11일.

108 《대한일보》, 1904년 10월 13일.

전회의를 거쳐 정부 각부의 규제이정規制釐正을 실시하고 중추원 관제를 개정하고자 하였다.[109]

이 과정을 거쳐 1904년 10월 27일 의정부 내에 관제이정소官制釐正所가 설치되었다. 관제이정소는 관제를 개혁한다는 구실로 일본의 압력에 따라 설립된 기관으로, 의정관은 다음 표와 같다.[110]

관제이정소의 설치는 정부와 일본 공사관의 유기적 관계를 통해 관제를 개혁한다는 명분 아래 시작되었다. 그러나 실제로는 일본 공사관이 주도하여 대한제국의 관제를 장악하고자 하는 의도에서 나온 것이었다.

허위는 관제이정소의 활동에 직접 참여한 것으로 보이지 않는다. 당시 《대한매일신보》는 '참찬 허위가 애첩을 얻었는데 신병이 발작하여 4~5일 내로 일을 볼 수 없게 되었다'고[111] 하였고, 또 '참찬 허위 씨는 칭병하고 안에 누워 손님을 사례하고 보지 아니하더라'고도 하였다.[112]

---

109 《황성신문》, 1904년 10월 11일.

110 《황성신문》, 1904년 10월 31일.

111 《대한매일신보》, 1904년 11월 4일.

112 《대한매일신보》, 1904년 11월 16일.

의정부 참정	신기선申箕善	의정부 찬정	민병석閔丙奭
법부대신	김가진金嘉鎭	탁지부대신	민영기閔泳綺
외부대신	이하영李夏榮	군부대신	이윤용李允用
의정부 찬정	권중현權重顯	농상공부대신	이도재李道宰
회계원경	이재곤李載崑	내부대신	이용태李容泰
학부협판	고영희高永喜	농상공부 고문관	가토 마스오加藤增雄
궁내부 특진관	김만수金晩秀	종이품	이상설李相卨
의정부 참찬	허 위許蔿	탁지부 고문관	메가타 다네타로目賀田種太郎

허위는 관제이정소의 실체를 분명하게 파악했던 것으로 보인다. 그래서 그는 병을 핑계로 관제이정소 활동을 거부하였던 것이다.[113] 허위 외에 법부대신 김가진金嘉鎭도 병을 핑계로 참여하지 않았다.[114] 결국 허위는 1904년 12월 13일 관제이정소 의정관에서 해임되었다.[115] 여기에서 고문정치에 대한 허위 등 관료들이 가지고 있던 현실에 대한 인식과 고민을 엿볼 수 있다.

113 조재곤, 〈왕산 허위의 관직생활과 항일투쟁〉, 《왕산 허위의 나라 사랑과 의병전쟁》, 구미시·안동대학교박물관, 2005, 128쪽.

114 《대한매일신보》, 1904년 11월 4일.

115 《일성록》, 1904년 12월 13일.

8. 일진회를 성토하다

허위는 1904년 11월 무렵부터 일진회一進會 반대운동에 참여하였다. 그 뒤 참정 신기선申箕善·내부대신 이용태李容泰 등과 공진회共進會에 참여하였다가 12월 24일에는 정부대신들과 함께 정우회政友會를 조직하고 일진회를 타파하고자 활동하였다.

일진회는 1904년 6월 이후 전개된 황무지 개간권 요구에 실패한 일본 세력이 후원하여 조직한 친일단체로, 반정부 활동을 벌이고 있었다. 1904년 8월 18일 송병준宋秉畯 등이 유신회維新會를 조직하였고, 곧이어 8월 20일 일진회로 이름을 바꾸었다.

1898년 보부상 단체로 조직된 황국협회는 상민회商民會를 거쳐 1904년 11월 26일 윤효정尹孝定·이원직李元稷·나유석羅裕錫 등이 친일적인 일부 회원을 배제하고 나서 새로 진명회進明會를 조직하였고,[116] 그해 12월 6일 일진회에 불만을 지녔던 독립협회 계열의 이준李儁·윤효정 등이 진명회를 바탕으로 공진회共進會로 개편하였다.[117] 공진회는 같은 해 12월 12일 창립되어 회장 이준, 부회장 윤효정, 평의원 윤효정·윤하영, 총무 나유석

---

116 《대한매일신보》, 1904년 11월 29일.

117 《대한매일신보》, 1904년 12월 7일.

등을 선임하였다.[118]

공진회는 독립협회 계열과 보부상들을 중심으로 한 반反일진회 투쟁을 기본 방침으로 삼은 단체였다. 그러나 회장 이준을 비롯한 윤효정·나유석 등은 12월 25일 구속되었고, 1905년 1월 5일 황해도 황주 철도鐵島로 유배되었다. 1905년 2월 2일 공진회는 끝내 해산되고 말았다.[119]

허위는 공진회에 참여하다가 1904년 12월 24일경 정우회를 조직하였다. 정우회의 조직 경위나 활동에 대한 기록은 찾아볼 수 없다. 다만 정우회의 강령에 따르면, '정부하政府下에 정우회를 설設하고 전·현직 관리와 정치법률학에 유지有志한 사람으로 조직'되었던 정치단체였다.[120] 정우회는 허위 등의 관료들이 조직하였던 것으로 보인다.

《대한일보》에는[121] "참찬 허위 씨가 정우회를 조직하였는데,

118 《대한매일신보》, 1904년 12월 14일.

119 《고종시대사》 6집, 1904년 12월 25일, 1905년 1월 5일·2월 2일.

120 〈政友會綱領〉, 《각사등록》 근대편.

121 《대한일보》는 일본인이 발간한 국한문 혼용의 친일신문으로 1904년 3월 10일 창간되었다. 발행소는 인천에 있던 조선신보사였으며 1904년 12월 10일 서울로 옮겼다. 사장은 아리후 주로蟻生十郎였다. 《대한매일신보》의 항일 논조에 맞서 일제의 조선 침략을 지

그 목적은 일진一進·공진共進 두 회를 타파 차로 정부 대관과 연일 회의하여 기어期於 삭설朔設한다더라."는 기사가 실려 있다. 곧, 일진회와 공진회를 타파하고자 정부 대신들과 허위가 정우회를 조직한 것이다.[122] 그러나 공진회는 허위가 참여했던 황국협회 계열의 보부상들이 일반 회원으로 구성되어 있었기 때문에 그가 "공진회 타파에 앞장섰다는 것은 현실성이 없는 것으로 판단된다."는 견해도[123] 있고, "공진회 배후에는 참정 신기선·내부대신 이용태·참찬 허위 등의 정부대신이 있었다."는 견해도[124] 있다.

허위는 일진회에 대해서는 매우 부정적이었다. 참찬 허위를 비롯하여 참정 신기선, 내부대신 이용태 등 3인은 정부 내에서

지했다. 1906년 8월까지 국문판으로 펴내다가 그해 10월 17일 일문판으로 바꾸었다. 일문판으로 바꾼 뒤 일본 관헌의 부정을 폭로해 통감부와 갈등을 드러내기도 했다. 1910년 4월경 제호를 《조선일보》로 고쳐 발행했다.

122 외솔회, 《나라사랑》 27(왕산 허위 특집호), 1977, 191쪽.

123 조재곤, 〈왕산 허위의 관직생활과 항일투쟁〉, 《왕산 허위의 나라사랑과 의병전쟁》, 구미시·안동대학교박물관, 2005, 128쪽.

124 松宮春一郎, 《最近の韓國》, 早稲田大出版部, 1905, 176쪽.

긴밀하게 뜻을 같이 하고 있었다.[125] 허위는 재정 고문 메가타에게 탁지부 예산 지출과 재정 전권專權을 부여하는 것에 반대하였고,[126] 일본 공사 하야시 곤스케가 공주 관찰사 심건택의 면관을 정부에 요구하자, '일본 공사의 관리 임면권에 간섭'하는 것을 지적하기도 했다.[127]

1904년 12월 정우회가 조직된 뒤, 허위를 비롯하여 신기선과 이용태는 노골적으로 친일 행각을 벌이는 일진회를 타파하기 위한 계획을 실행하기로 했다. 당시 《대한일보》는 다음과 같이 보도하였다.

> 일진회 반대당 이용태·허위·신기선 씨 이하 여러 사람이 일진회를 타파할 계획으로 장정 5~6백 명을 매일 2원씩 출금出金 고용하야 단발斷髮 입회케 하되 모야무지暮夜無知에 회장 이하 주모자 수십 명을 타살하고 그 여당을 일병포박一並捕縛코자 하는데 차계此計를 일진회에서 선지先知하고 근일 계엄이 타일보다 우심하다더라.[128]

---

125 《대한매일신보》, 1904년 11월 8일.

126 《황성신문》, 1904년 10월 11일.

127 《대한일보》, 1904년 10월 13일.

128 《대한일보》, 1904년 11월 1일.

허위 등은 장정을 고용하여 일진회를 타파할 계획을 세우는 한편, 〈성토일진회서聲討一進會書〉를 발표하여 일진회를 성토하였다.[129]

〈성토일진회서聲討一進會書〉

무릇 우리 삼천리강토 안에 하늘을 이고 땅을 밟는 자는 우리 성상의 적자 아닌 자가 없는데 불행하게 이 나라 운수가 위태한 때에 태어났다. 신민의 성의誠意가 부족하여, 비록 우리 국가를 바로잡아 붙들지 못하고, 우리 생민生民을 구제해서 천하를 태산반석泰山盤石 같이 편하게 하지는 못할지라도 가슴속 뜨거운 마음을 주체하지 못해서 한심하게 여기며 통곡하지 않는 사람이 없다. 그리고 서로 이르기를 '우리나라 독립권을 어떻게 하면 공고하게 하고, 황실을 어찌하면 보호할까' 한다. 외국 사람이 우리나라를 압제하고 업신여기는 것을 볼 때마다 머리털이 곤두서고 쓸개가 떨림을 스스로 깨닫지 못하며, 실로 촌각寸刻도 구차하게 살고 싶은 마음이 없게 되었다.

근일에는 또 보호국이라는 말이 들린다. 저들이 교활함으로

129 〈檄〉'聲討一進會書',《왕산선생문집》권1.

聲討一進會書

凡我三千里內，頂天蹈地者，莫非我 聖上之赤子，而不幸生此國步危亂之際，以臣民誠意之不足，雖不能匡扶我國家救濟我生民，置天下於盤泰之安，然腔裏之熱，按住不得，焉人不寒心痛哭而相謂曰，我國獨立之權，何以鞏固，皇室何以保護，每見外人壓倒陵踏自不覺髮竪膽掉，實無尊刻苟生之心，近日又有一節，保護國之說，渠以巧滑惟知法外悖說播之新聞，欲爲嘗試之計，此乃我國臣民，不忍聞道也，此言一出哀我二千萬同胞，未知作誰家之奴隸死無其日，生無其地，寧其閤死於鋒鏑之下誓不受此等陵侮之辱，所謂一進會名色渠亦大韓化圈之物甘作彼人之鷹犬肆以保護之說，宣言于全國進備彼人賴口之資，彼以人面人心，胡至此極，苟究其心，逆節已萌，切非我大韓臣子也，春秋曰亂臣賊子人人得以誅之，今之公法曰逆黨請他國干預者，又有不合之理，稽之於古，然之於今，不容瞥假於復戴之間，以我國之臣民豈忍共處，而對背國之逆徒玆以辯明，公怖我大韓一域，愛及于天下各國以明其本國之逆，伏願地球內僉君子，照亮焉.

〈성토일진회서〉

써 법 밖에 사리事理에도 어긋난 말인 줄을 알면서도 신문에 전파하여 시험해보는 계책을 하는 바, 이것은 우리나라 신민이 차마 듣지 못할 말이다. 이 말이 한 번 나오니 우리 2천만 동포는 슬프게도 누구네 집 노예가 될지 모른다. 죽으려야 죽을 날이 없고 살려야 살 땅이 없다. 차라리 저들의 칼날 아래 모두 죽을지언정 이런 능멸陵蔑과 모욕侮辱은 맹세코 받지 않으리라.

명색이 일진회란 것도 또한 대한에 태어난 것들이면서 저 사

람들의 앞잡이로 됨을 즐거이 여기며, 방자하게 보호라는 말
을 전국에 선언하여 저 사람들의 핑곗거리를 준비하고 있다.
저들도 사람의 낯짝이고 사람의 마음이면서 어찌하여 이런
지극함에 이르렀는가. 진실로 그들의 심보를 따져보면 역적의
형적形跡이 이미 싹 텄으니 절대로 우리 대한의 신자臣子가 아
니다. 《춘추》에 '난신적자亂臣賊子는 사람마다 죽일 권리가 있
다'고 했다. 지금 공법公法에 '역당逆党은 타국他國의 간예干預
를 정한 것'이라는 것도 이치에 맞지 않다. 옛것을 상고하고
지금을 참작해도 잠시라도 천지간에 용서될 리 없다. 우리나
라 신민으로서 어찌 차마 나라를 배반한 역도逆徒들과 함께
있으면서 마주하겠는가.

이로써 변명하여 우리 대한 온 나라에 공포公布하고 천하 각
국에 파급토록 하여 본국의 역적을 밝히노니 온 세상 여러분
이 이 사정을 밝게 살피기를 원한다.

허위는 일진회의 매국 행위를 규탄하며, 매국 역적이기 때문
에 죽여야 한다는 주장을 천하에 공포하였다. 11월 18일 허겸
許兼에게 보낸 편지에서도 허위는 일진회 타파 문제를 거론하
고 있다.

〈형주전상서兄主前上書〉

연일 하서를 받으니 기쁘기 그지없습니다. 갑자기 날씨가 추운데 기체후만안氣体候万安하시고 가내 여러분도 여전하신지요. 사모하는 마음 한이 없습니다. 사제도 아직은 별 걱정이 없습니다. 다만 근래 태자비 상사喪事 때문에 오래도록 입대入對하지 못해서 정부 사무를 폐지하고 있으니 민망하고 답답합니다.

일진一進이라는 민회民會가 외국의 세력에 의지하여 조정을 능멸하니 또한 변괴입니다. 그런데 정령을 시행하는 데에 아직도 개선함이 없으니 무엇으로 그들의 책망을 면하겠습니까. 황공하고 부끄러울 뿐입니다.(이하 생략)[130]

나아가 허위는 형 허겸許蒹과 함께 의병을 일으켜 일진회를 타파할 구체적인 계획을 세우기도 하였다. 이즈음 정부와 한성부에서도 일진회의 해산을 독촉하고 일진회원에 대한 포박령捕縛令을 내리고 있는 상황이었다.[131] 이에 위협을 느낀 일진회는 다음과 같이 《황성신문》에 세 차례에 걸쳐 광고를 실었다.

130　〈書〉·'上叔兄書', 《왕산선생문집》 권1.

131　《황성신문》, 1904년 11월 1일.

일진고시 기사
《대한매일신보》 1904년 12월 29일

○일진고시 일진회에서 모셔 흔 기를 참참 허위의 종형 허겸이 가 모쳐에셔 운동비 수만원을 밧아 가지고 삼남으로 내려가셔 졔 류물 회동후야 본회를 다 파후려 후니 다앗아 초려라 후엿떠라

허위許蔿에 종형 허겸許蒹이가 재작일에 삼남三南으로 출발ᄒ얏ᄂᄃᆡ 모처에서 운동비 기만원을 획급劃給ᄒ야 각처의 난류를 모집ᄒ야 일진회一進會를 타파홀 흉계인 고로 여시앙포如是仰布ᄒ오니 첨군자僉君子ᄂᆞᆫ 조량照亮홈 일진회 고백[132]

곧 허겸이 일진회 지방지회를 타파하고자 수만 원의 운동비를 마련하였고, 삼남三南으로 내려가 반反일진회 세력을 규합하고자 한다는 것이다. 허위의 일진회 타도운동은 일진회를 분쇄하려는 것이었다.

---

132 《황성신문》, 1904년 12월 26일; 《대한매일신보》, 1904년 12월 26일.

9. 충의사에 참여하여
일본을 배격하는 격문을 발하다

한일의정서 체결 뒤, 〈대한방침〉·〈대한시설강령〉·〈대한시설세목〉 등의 세부 방침을 확정한 일본의 한국 침략 정책은 점차 노골화되어, 1904년 8월 22일 '제1차 한일협약'이 조인되었다. 이른바 〈한일외국인고문용빙에 관한 협정서〉이다. 이후 대한제국은 일본의 압제 아래 이른바 '고문정치'를 통해 내정간섭을 받게 되었고, 일본 침략 세력이 완전히 장악하게 되었다.

일본의 한국 침략 정책에 대한 배일언론투쟁은 의병 투쟁과 더불어 보호국화 반대투쟁의 대표적인 형태이다. 배일언론투쟁은 친일 매국분자를 제외한 전·현직 관료와 근왕적인 보수 유생들이 상소·격문·통문·장서·기서·상서·투서 등을 통해 펼친 것이다. 허위·최익현 등이 바로 그 대표적인 인물이다.

허위는 1904년 12월 24일 정부 대신들과 함께 정우회政友會를 조직하고 일진회를 타파하고자 반일진회 세력을 모았다. 당시 의정부 참찬으로 있던 허위는 전직 관료와 보수적인 재야 유생의 추종을 받던 관료였다. 1904년 11월 18일 허위가 허겸許蒹에게 보낸 〈형주전상서兄主前上書〉에서 '한솥밥을 먹는 사람이 열대여섯이나 되어 하루에 소비하는 것만도 형언할 수 없습

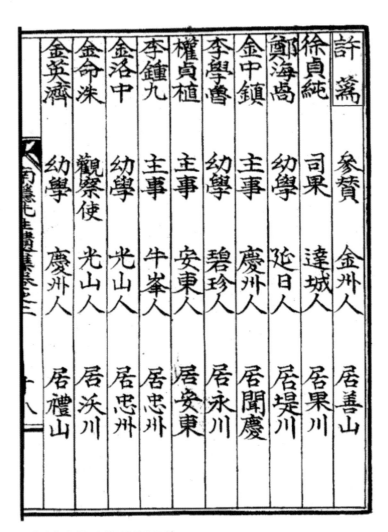

<table>
<tr><td>許蔿</td><td>參贊</td><td>金州人</td><td>居善山</td></tr>
<tr><td>徐貞純</td><td>司果</td><td>達城人</td><td>居果川</td></tr>
<tr><td>鄭海昌</td><td>幼學</td><td>延日人</td><td>居堤川</td></tr>
<tr><td>金中鎭</td><td>主事</td><td>慶州人</td><td>居聞慶</td></tr>
<tr><td>李學魯</td><td>幼學</td><td>碧珍人</td><td>居永川</td></tr>
<tr><td>權貞植</td><td>主事</td><td>安東人</td><td>居安東</td></tr>
<tr><td>李鍾九</td><td>主事</td><td>牛峯人</td><td>居忠州</td></tr>
<tr><td>金洛中</td><td>幼學</td><td>光山人</td><td>居忠州</td></tr>
<tr><td>金命洙</td><td>觀察使</td><td>光山人</td><td>居沃川</td></tr>
<tr><td>金英濟</td><td>幼學</td><td>慶州人</td><td>居禮山</td></tr>
</table>

충의사 서명록 명단(《남은선생유집》)

니다. 부득이 따로 한 집을 두어 의식을 뒷바라지할 계획'이라
고[133] 했듯이, 그의 집에는 곳곳에서 상경한 전직 관료 및 보수
적인 재야 유생들이 드나들고 있었다.

허위의 반일·반일진회 투쟁은 그를 추종하고 있던 전직 관
료와 재야 유생이 함께 펼쳐나갔다. 이들은 1904년 8월경 충의
사忠義社를 조직하였는데, 여기에 허위는 현직 관료로 참여하였
다.[134] 그 가운데 배일언론투쟁을 꾸준히 펼친 인물은 허위를
비롯하여 여중룡呂中龍·이건석李建奭·우용택禹龍澤·강원형姜遠
馨·김진수金進洙·김호규金濩圭·이병구李炳九 등이었다. 이들은
대부분 경상도에서 상경한 관료 및 재야 유생들이었는데, 그
가운데는 을미의병에 참여하였던 인물이 많았다.

1904년 8월 이후부터 1905년 11월까지 이들이 펼친 배일언
론투쟁을 살펴보면 다음 표와 같다.

---

133 〈書〉'上叔兄書',《왕산선생문집》 권1.

134 충의사에 관한 기록은 여중룡의 《남은선생유집》의 〈忠義社創立
趣旨書〉·〈忠義社條例〉·〈書名錄〉 등이 있다. 또 같은 책의 〈乙巳
日記〉에서도 忠義社의 활동을 살펴볼 수 있다. 충의사가 결성되는
시기도 1904년 8월 10일 허위가 의정부 참찬에 임명된 것으로 볼
때, 1904년 8월경 조직된 것으로 짐작된다.

유생들의 배일언론투쟁

연월일	내용	중심인물	출전
1904.06.	排日義擧通論文	허위·이상천·박규병 등	《주한일본공사관기록》
1904.11.	聲討一進會書	허위	《왕산선생문집》
1905.01.	排日檄文	허위	《왕산선생문집》
1904.11.	與一進會長書	여중룡·신종희	《황성신문》 1904.11.2.
1904.11.	與駐韓日本陸軍司令官長谷川好道書	김일제·여중룡·조병균·김호석	《황성신문》 1904.11.9.
1904.11.	上政府書	여중룡·지우석·김성배·조병균·김호석	《황성신문》 1904.11.17.
1904.12.	上政府書	이건석	《황성신문》 1904.12.28.
1905.01.	上政府書	여중룡·우용택	《황성신문》 1905.1.7.
1905.01.	上政府書	여중룡·우용택·김일제	《황성신문》 1905.1.12.
1905.02.	寄日公使書	강원형·우용택·여중룡	《황성신문》 1905.2.16.
1905.03.	日本軍司令官書	강원형·여중룡·우용택·김호규·이병구·지우석	《황성신문》 1905.3.14.
1905.03.	寄各國公使館書	김호규·지우석·이병구·강원형·여중룡·우용택·조병균·김락승 등	《황성신문》 1905.3.16.
1905.05.	呈政府書	김호규·우용택·이병구 등 14인	《황성신문》 1905.5.10.
1905.05.	上政府書	우용택·여중룡·주서용·우희용·박문을·김락승·이장환 등	《황성신문》 1905.5.23.
1905.06.	投日公館書	여중룡·강원형·우용택 등	《황성신문》 1905.6.20.
1905.07.	上政府書	이기·윤주찬·나인영·오기호 등	《황성신문》 1905.7.10.
1905.08.	寄日本軍司令部書	여중룡·우용택·정대화	《황성신문》 1905.8.10.
1905.08.	致內部大臣李址鎔書	정대화·우용택	《황성신문》 1905.8.18.

허위는 1905년 1월 8일 의정부 참찬을 사직하였다.[135] 정부의 고위 관료로서 자신이 주도했던 반일진회운동이 성과를 거두지 못했을 뿐만 아니라, 오히려 일진회를 비롯한 친일 세력과 이른바 '고문정치'를 펼쳐서 더 이상 자주적인 국정 운영이 불가능하다고 판단했기 때문이다.

이즈음 허위는 자신을 따르는 수십 인의 유생들과 함께 일본의 침략을 규탄하고 동포들의 분기奮起를 호소하는 〈배일격문排日檄文〉을 전국적으로 배포하였다.[136]

〈배일격문排日檄文〉

바야흐로 이제 한일의 교섭은 동양 안위의 중요한 일이다. 마땅히 호의好誼를 돈목敦睦히 하고 진심으로 상부相孚하야 보거輔車가 상의相依하고 노위魯衛가 상친相親함과 같은 연후라야 동방의 세력이 더욱 펼쳐질 것이다. 러시아의 병탄倂呑을 면할 것은 비단 일본의 바라는 바이자 또 한국의 소원이기도 하다. 다행히 일본 황제가 큰 생각과 원대한 계획으로 만 리먼 길에 군사를 출동하는 노고를 꺼리지 않고 바로 만주 여

---

135 《황성신문》, 1905년 1월 10일.

136 〈檄〉'排日檄文',《왕산선생문집》권1.

순 지역에 들어가 탐폭한 러시아의 예기를 꺾은 다음, 한국과 수호하여 우리의 강토를 보전하고 우리의 독립권을 공고히 하고자 하였으니 이는 진실로 우리 국인들이 가장 감사히 여기는 바이며, 동아의 안보가 진실로 이 전역戰役에 힘입은 것이라 하겠다.

그런데 의외로 임무를 맡은 신하가 적당한 사람이 아니어서 약서約書가 성립된 지 두세 달 만에 문득 탐욕하고 비겁한 매국 간당과 서로 결탁하여 우리 황상을 위협하고 우리 국권을 강탈하였다. 전국의 이익을 장악하지 않은 것이 없고, 정부 대신의 출척黜陟에도 간예干預하지 않은 것이 없으니 뇌물이 공공연히 행해져 공관의 뜰이 시장과 같다. 좋아하는 자는 비록 음험陰險하고 간사한 무리라도 권해서 높은 벼슬로 올리고, 미워하는 자는 공정하고 선량한 사람이라도 고해서 벼슬을 갈아 치우니 우리 황상의 유신하려는 정사를 저지하였다. 그 병사와 백성으로 우리 땅에 들어온 자가 저지르는 폭행은 러시아인의 탐욕에 견주어 오히려 지나치건만 예사로이 여겨 금지할 줄 모르니 이른바 강토를 보전하고 주권을 공고히 한다는 약속이 과연 이와 같은가. 이를 그만두지 않으면 장차 우리 삼천리강토는 저들의 주머니에 들어가고 우리 2천만 민생령은 저들의 어육이 될 것이니, 비록 러시아인들이 동양에

率壯丁、以助其勢、千萬幸甚、

排日檄文

方今韓日之交涉、東方安危之樞機也、誠宜敦睦好

誼實心相孚、相輔相依、如脣衛相親焉、後東方之勢益

張、免俄人之吞噬、此非惟日本之所求、亦我韓之所

願也、何幸日本皇帝、宏慮遠謀萬里出師、不憚勞苦

直入滿洲旅順之域、先摧貪暴之俄鋒、修好我韓、欲

保全我疆土鞏固我獨立權、此誠我韓人最所感者、

謂東亞之安實此役攸賴也、何圖任使之臣、不得其

人、約書甫成二三朔輒、與貪鄙賣國之奸黨相結、威

〈배일격문〉

뜻을 펼친다 할지라도 그 화는 이와 같이 혹심하지 않을 것이다. 바야흐로 도적이 이웃집에 들어오면 대신 축출하고 그 공을 빙자하여 그 가산을 모두 탈취한즉, 집주인은 도리어 도적에게 잃음만 못하리니 오늘의 정세가 어찌 이와 다르리오. 한국이 비록 피폐할지라도 2천만 인구가 한마음으로 모두 분개하여 의기를 격발하면 바야흐로 사지死地에서 살아날 수 있을 것이고 장차 망해갈 때 보전을 도모할 것 같으면 어찌 우리의 약함을 족히 걱정하며 저들의 강함이 가히 두려우랴. 비록 기력이 다하고 약함이 강함을 대적하지 못하더라도 속수무책으로 머리를 웅크리고 망하는 것보다 오히려 낫지 않겠는가. 저들 일본인의 탐욕스럽고 포악한 행위를 백에 한둘도 거론하지 못하지만 이제 그 대개를 대음에 펼쳐 적어서 13도 동포들에게 통고하오니 엎드려 바라옵건대 여러 군자들은 눈앞에 하루 편안함만을 생각지 말고 힘을 합쳐 의분을 내어 우리 종사를 공고히 하고 우리 생령들을 평안히 보전하여 천하만국에 말할 수 있도록 한다면 천만다행이겠습니다.

一, 철로鐵路 작폐作弊(이하 생략)

一, 국권 침탈(이하 생략)

一, 북진군北進軍의 작폐作弊(이하 생략)

허위의 〈배일격문〉이 작성·배포된 시기는 정확히 알 수 없으
나, 1905년 1월 2일 일본의 여순 점령 이후 허위가 의정부 참찬
을 사직하는 1월 8일 사이에 작성된 것으로 짐작된다.

〈배일격문〉에서 허위는 일본의 한국 침략을 비판하고, 전 국
민에게 반일 의병의 봉기를 촉구하였다. 나아가 철도의 작폐와
국권의 침탈, 북진하는 일본군의 작폐를 지적하였다. 먼저 철
도의 부설과 관련하여, 일본인과 그들의 비호를 받고 있는 역
부들이 곳곳에서 벌이는 폐해 사례를 다양한 예로 들었다. 국
권 침탈과 관련해서는 일본인의 한국 거주와 제일은행권의 유
통, 울릉도 산림의 불법 벌채 등을 거론하여 일본의 각종 이권
침탈을 비판하였다. 그리고 러시아와 대치하는 상황에서 북진
하는 일본군 작폐도 거론하였다.

백암 박은식은 《한국통사韓國痛史》에서 '허위 등이 이 격문
을 선포하니 일본 공사가 대노大怒하여 우리 외부外部를 협박
하야 엄징嚴懲을 요청하고 다시 일병日兵과 일순日巡을 파견하야
여러 사람을 포박하야 감옥에 구치拘置하고 격문檄文을 압수押
收하였다'고[137] 기록하였다. 허위가 감옥에 구치되었다는 구체적
인 기록은 없지만, 일본 공사가 정부에 항의함으로써 끝내 참

---

137 박은식, 《한국통사》, 달성인쇄주식회사, 1944, 171쪽.

찬을 사직한 것으로 보인다.

10. 배일운동을 격화시키고 고향으로 추방되다

허위는 1905년 3월 1일 비서원승秘書院丞에 임명되었다. 그는
1905년 1월 8일 의정부 참찬을 사직한 뒤 2개월 동안 나라를
걱정하고 시국을 개탄하며 집에서 은거하고 있었다. 이 기간
동안 허위를 따르는 보수적인 재야 유생들의 배일언론활동은
한층 치열해졌고, 황제의 부름을 받고 입궐한 최익현의 상소는
큰 반향을 일으켰다. 일제는 배일언론활동을 벌이고 있는 재야
유생들의 배후를 허위로 파악하였고, 그를 최익현과 함께 배일
운동의 주도 인물로 지목하였다.

1905년 3월 9일 주한 일본 공사 하야시 곤스케는 3월 6일과
7일 《황성신문》에 게재된 최익현의 상소를 조사하는 과정에서
1월 초 허위가 올렸던 〈배일격문排日檄文〉의 실체를 파악하였
고, 최익현과 허위를 엄중히 처벌할 것을 외부대신 이하영李夏
榮에게 요구하였다.

경기 관찰사 최익현이 상소하여 〈한일의정서〉를 성토하고 황제가 결단을 내려 먼저 매국 적신 5∼6人을 사형에 처하고 덕망이 있는 자에게 정부를 맡겨 서정庶政을 개혁하고 왜적을 물리칠 것을 청하였던 바 이날 주한 일본 공사 하야시 곤스케林權助가 외부대신 이하영에게 조회照會하여 지난 6·7 양일 《황성신문》에 게재된 최익현의 소본疏本을 보니 〈한일의정서〉를 비난하고 일본을 가리켜 수적讐敵이라 하여 국교를 손상하였다 하고 최익현과 비서원승 허위를 엄중히 처치할 것을 요구하는 동시에 이와 같은 행동이 각지로 전파되는 것을 방지하고자 필요한 조치를 취할 것이라고 통고하다.[138]

3월 9일 주한 일본군 사령관 하세가와 요시미치長谷川好道는 주한 일본 공사 하야시와 협의한 뒤 최익현과 허위가 〈한일의정서〉를 비난하여 한양의 안녕질서를 파괴하였다는 이유로 일본군 헌병대에 구금하여 조사한 뒤 돌려보냈고, 이 사실을 외부대신 이하영에게 통고하였다.

주한 일본군 사령관 하세가와 요시미치長谷川好道가 외부대신

---

138 《고종시대사》 6집, 1905년 3월 9일.

이하영에게 이첩移牒하여 최익현과 허위가 〈한일의정서〉를 비난하여 경성의 안녕질서를 파괴하였으므로 주한 일본 공사와 협의한 뒤 그 두 사람을 일본군 헌병대에서 구금하여 현재 조사 중이라고 통고하다.[139]

3월 10일 저녁에는 일본 공사관 통역관 시오가와塩川가 허위를 일본 공사관으로 초청하였다. 허위의 배일운동이 양국의 국교를 방해하는 것이니 서둘러 사직하고 향제鄕第로 내려가라고 협박하려 했던 것이었다. 이에 대해 허위는 시오가와의 협박에도 굴하지 않고 격렬히 항변하였다.

시오가와塩川가 묻기를[質問] (중략) 공이 배일운동을 열심히 하니 국교를 방해함이라 급히 사직하고 향제로 하거下去하라 함으로 허위 씨가 답왈 배일운동이라는 설은 吾所不知오 我난 我國을 위하야 독립을 보존코자 열심하난 버나 차此로써 배일이라 함은 불가흔 제목이나 그러나 만약 我韓의 이익을 위하야 일본을 배척홀 능력이 有하면 나는 배일이라도 하려니와 현금 시세로 배일할 수가 업스니 차此난 무인자誣人者의

---

139 《고종시대사》 6집, 1905년 3월 11일.

염천질문 기사(《황성신문》 1905년 3월 14일)

이설利舌뿐이오. 지어至於 귀향 여부는 我의 자유라 공의 권고
에 불재하다 하고 일장 격렬히 항변하다가 귀래하얏다.[140]

허위는 일본 공사관 통역관 시오가와의 협박에도 굴하지 않
았다. 이날은 러일전쟁 이후 만주를 침략한 일본군이 봉천 전
투에서 대승을 거두고 봉천을 점령한 날이었다.

---

140 《황성신문》, 1905년 3월 14일; 《고종시대사》 6집, 1905년 3월 10일.

한편, 판서 김학진金鶴鎮도 3월 7일 상소를 올려 일본의 이
권 약탈과 내정간섭을 신랄히 비판하고 그 개혁 방책을 건의하
였다.[141] 이즈음 허위도 외교적 교섭 방법으로 국면을 타개하고
자 김학진·이일직李逸稙 등과 함께 각국 공사관에 일본의 불법
적 침략을 규탄하고, 대한제국의 독립을 보호해줄 것을 요청하
는 서한을 발송하였다.[142] 이리하여 김학진 역시 최익현·허위
등과 더불어 반일운동의 주모자로 지목되었다.

3월 11일 아침 일본 헌병대장이 최익현·허위·김학진 등을
잡아 가두고 일본을 비난하고 배척한 이유를 물었다. 이에 최
익현 등은 '임금을 위하여 바른 말로 간諫하는 것은 천성天性에
서 나온 것인데 왜 협박脅迫하느냐'고 꾸짖었다. 그 뒤 이들 3인

---

141 《고종시대사》 6집, 1905년 3월 7일; 정2품 김학진이 상소하여 일
     본이 아국의 내정에 간섭하여 철도·광산의 이권을 모두 빼앗기며
     관제의 釐正과 화폐의 개혁까지도 모두 日人의 지휘에 따라 괴뢰가
     되니 그 까닭을 알 수 없다 하고 외국 차관과 화폐제도 등 재정의
     실패·일본군 사령부의 한국인 소송 수리와 재판 운영의 부정 등
     사법권의 실추 등을 힐론하고 그 개혁 방책을 건의하다.

142 조재곤, 〈왕산 허위의 관직생활과 항일투쟁〉, 《왕산 허위의 나라
     사랑과 의병전쟁》, 구미시·안동대학교박물관, 2005, 142쪽.

은 남대문 창동倉洞 일본군 병참사령부로 이송되었다.[143]

곧이어 일본 헌병들은 허위를 비롯한 관련 대신들의 가택을 수색하여 문서 등을 압수하였다.[144] 이에 외부대신 이하영은 주한 일본 공사 하야시 곤스케에게 다음과 같이 요구하였다.

三氏被押(《황성신문》 1905년 3월 14일)

지난 11일에 외부대신 이하영李夏榮이 주한 일본 공사 하야시 곤스케林權助에게 최익현崔益鉉의 소사疏辭가 설혹 시의時宜에

---

143 《황성신문》, 1905년 3월 14일.

144 《황성신문》, 1905년 3월 14일.

합당치 못한 것이 있더라도 체납 여부는 모두 한국 황제가 결정할 것인 바 한국 정부의 처분을 기다리지 아니하고 일본군이 함부로 잡아 가두는 것은 대단히 무례한 일이라고 강경히 항의하는 동시에 최익현·허위 양인을 즉시 환가還家시킬 것을 요구하였던 바 이날 이하영이 다시 조회하여 최익현은 한국의 대관으로서 평소부터 강경한 간언을 서슴지 않으므로 황제도 높은 예禮와 관대한 마음으로써 대하며 전국의 인사도 또한 그의 충성을 인정하는 바 이제 소사疏辭 가운데 조금 격려激厲한 바가 있다 하여 일본군 사령부에서 함부로 잡아 가두고 조금도 꺼리는 바가 없으니 이는 아국의 인물에 대한 모욕이며 전국 인사의 마음을 거슬리는 것이며 또한 아국 정부를 경시하고 아국 체면을 침해하는 것이니 이와 같이 하고서는 양국의 우호를 기대할 수 없다고 엄중히 항의하는 동시에 최익현의 즉시 석방을 요구하였다.[145]

이하영은 최익현의 상소가 설혹 시의에 합당치 못한 것이 있더라도 체납 여부는 모두 황제가 결정할 것인 바, 한국 정부의 처분을 기다리지 않고 일본군이 함부로 가두는 것은 대단히

---

145 《고종시대사》 6집, 1905년 3월 12일.

무례한 일이라고 강경히 항의하고 최익현과 허위를 석방하여 귀가시킬 것을 요구하였다.

이하영의 최익현·허위·김학진에 대한 석방 요구는 13일과 14일에도 이어졌다. 하지만 일본 측은 오히려 2월 13일 일본을 비난했다는 혐의로 이세직李世稙을 체포하였다. 이에 강원형·여중룡·우용택·이병구·지우석 등은 일본군 사령부에 투서하여 최익현·허위·김학진 등의 석방을 요구하였다.[146] 이들은 을 미의병 이후 상경 활동하던 영남 출신의 보수적인 유생으로 허위와 함께 배일운동에 참여했던 인물들이다.

3월 26일 김학진은 석방되었고,[147] 이튿날 최익현도 석방되어 강제로 귀향하였으나 허위는 오랜 기간 동안 구금되어 있었다. 허위는 옥살이의 후유증으로 병을 얻어 4개월 여 만인 7월 13일에 석방되어 귀가하였다.[148] 허위는 일본 측의 감시 아래 간단한 치료를 받은 뒤, 7월 19일 오전 9시 경부철도 제2열차에 강제로 태워져 고향으로 보내졌다.

---

146 《황성신문》, 1905년 3월 14일.

147 《황성신문》, 1905년 3월 27일.

148 《황성신문》, 1905년 7월 15일.

전 참찬 허위씨가 재작일 상오 9시에
경부철도 제2차를 탑승하고 선산 향제
鄕第로 하거下去하였다더라.[149]

허위는 강제로 고향으로 압송당한 뒤,
김천 지례의 삼도봉三道峰 아래 두대동頭
岱洞에 은거하였다. 지금의 김천시 부항면
釜項面 상두대上斗垈 마을이다.

허씨 귀향 기사
《황성신문》 1905년
7월 21일)

149 《황성신문》, 1905년 3월 14일.

제4장
후기의병기 창의와 투쟁

1. 연합의병진의 결성을 계획하다

1904년 2월 러일전쟁을 일으킨 일본은 〈한일의정서〉를 강제로 체결하였고, 8월에는 〈한일외국인고문용빙에 관한 협정서〉(제1차 한일협약)를 강요하여 체결한 이른바 '고문정치顧問政治'를 실시하였다. 이리하여 일제는 군대의 주둔, 외교와 재정의 감독, 철도 부설권 등을 장악하였고, 나아가 정치·경제·군사적으로 내정간섭을 통해 침략성을 노골적으로 드러냈다. 이른바 식민지화 과정이었다.

일제의 식민지화 책동에 대응하여 대한제국 정부의 관료 및 재야 유생들은 〈한일의정서〉 반대, 일본 제일은행권 유통반대운동, 황무지 개간권 요구 반대운동, 그리고 반일진회 투쟁 등 정치투쟁을 통해 침략 정책을 저지하고자 하였다. 그래서 반일·반침략운동이 전국적으로 확산되었다.

반일·반침략의 대표적인 투쟁 가운데 하나가 바로 의병이었다. 1900년 무렵부터 전국 곳곳에서 활동하고 있던 활빈당·비도·화적 등이 일본의 노골적인 침략 행위에 대응하여 의병으로 전환하였다. 이들은 일제와 그 주구인 일진회, 침략의 하부 기구인 관서와 친일적인 지주 등을 공격의 대상으로 삼았다.[150]

반일·반침략운동이 전국적으로 확산되는 과정에서 주목되는 것은 1904년 6월 〈배일의거통유문排日義擧通諭文〉과 1905년 1월 〈배일격문排日檄文〉이다. 허위의 〈배일의거통유문〉은 서울과 경기도 일대를 비롯하여 전국적으로 배포되었고, 7월 12일 의병 봉기를 호소하였다. 〈배일격문〉은 일본의 한국 침략을 비판하고, 전 국민에게 반일의병의 봉기를 촉구하는 것이었다. 모두 일본의 대한제국 침략을 폭로하여 규탄하고, 나아가 전국적으로 배일창의排日倡義할 것을 호소하는 것이었다. 일제는 배일운동의 배후로 허위를 지목하였다.

1905년 1월 8일 허위는 의정부 참찬에서 강제로 해임되었고, 3월 11일에는 최익현·김학진과 함께 일본 헌병대에 구금되었다. 그리고 7월 13일 석방되어 강제로 귀향, 경상북도 지례군 삼도봉三道峰 밑 두대동頭岱洞에서 일제의 감시를 받으며 은거하였다.

1905년 11월 이른바 '을사보호조약'으로 국권을 빼앗겼다. 국

---

150   조동걸, 〈의병운동의 한국민족주의적 위치〉(상·하), 《한국민족운동사연구》 1·3, 한국민족운동사학회, 1986·1989.

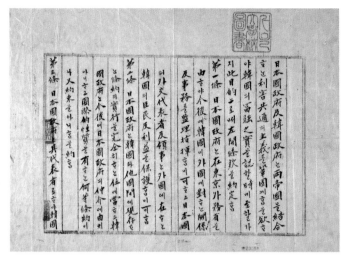

박제순-하야시 강제합의서(을사조약, 독립기념관 제공)

권을 빼앗기자 허위는 울분을 이기지 못하여 유폐지 두대동을
떠나 경상도·전라도·강원도·경기도를 돌면서 많은 동지들 및
유생들과 접촉하여 대응책을 마련하려고 시도하였다.[151] 이때
그가 만나 앞일을 상의한 대표적인 인물은 남으로는 곽종석郭
鍾錫, 북으로는 현상건玄尙健·이학균李學均, 서로는 류인석柳麟
錫 등이었다.[152]

---

151 경무국, 〈경상북도편〉, 《폭도사편집자료》, 1907년 10월 1일, 慶尙
北道觀察使 朴重陽.

152 〈憲兵隊機密文書〉, 《주한일본공사관기록》, 1909년 4월.

을사늑약 이후 허위는 곳곳의 의병장과 연결하여 창의를 독려하는 한편, 을미의병에서 창의했던 의병장들과 창의 계획을 구체적으로 세워 나갔다. 우선 허위는 1906년 음력 5월 5일, 당시 상경하여 구국운동을 전개하던 이강년李康秊·여중룡呂中龍·이병구李炳九·우용택禹龍澤 등과 혜화동惠化洞에 모여 창의에 대한 구체적인 계획을 세웠다. 허위는 안동을 중심으로 강원도 일대, 이강년은 상주를 중심으로 충청도 일대, 여중룡은 김천을 중심으로 전라도 일대를 거쳐 의병장 최익현과 합세하여 서울에 모여 통감부를 격파하기로 맹서하고 창의를 준비하기 시작하였다.[153] 이리하여 여중룡은 향리인 김천에서 창의를 계획하였으나 병으로 실패하였고,[154] 허위는 경기도에서, 이강년은 문경에서 창의하였다.

그뿐만 아니라 허위는 경기도 연천에서 창의하기에 앞서, 1906년 3월 정환직鄭煥直·정용기鄭鏞基 부자를 독려하여 영천에서 창의하여 산남의진山南義陣을 결성토록 하였다.[155] 서울진공작전 실패 이후에는 청도의 윤정의尹政儀와 양산의 서병희徐炳

---

153 여중룡, 〈을사일기〉(음력 5월 5일), 《남은선생유집》 권2.

154 여중룡, 〈을사일기〉(음력 8월 10일), 《남은선생유집》 권2.

155 《산남창의지》(상).

熙를 독려하여 청도·경주·양산 등 경남·경북의 접경지대에서 창의토록 하였다. 이와 같이 허위는 곳곳의 의병들을 연결한 의병 부대 사이의 연합 작전을 계획하였다.[156]

허위가 구상하였던 의병 부대 사이의 연합 작전이나 통합은 창의 초부터 제기되었고, 의병이 확산되면서 더욱 구체화되었다. 산남의진의 경우, 정환직이나 정용기가 창의 이후 서울진공작전에 참여하고자 북상 계획을 실현한다는 목표 아래 작전을 수립하였다.[157] 또 영덕 신돌석의 경우에도 서울진공작전에 참여하고자 강원도 양구까지 진출하여 민긍호閔肯鎬·이인영李麟榮·정환하鄭煥夏·오영환吳泳煥 등과 연합하여 양구 수비대를 습격하려다 실패하고 되돌아갔다.[158] 이강년의진의 경우에는 이인영李麟榮의 통문을 받고 북상을 시도하였으나 일본군의 저지로 실패하고 말았다.[159]

---

156 〈의병장 서병희 체포의 건〉, 警秘收 제279호, 융희 3. 12. 14; 김정명 편, 《조선독립운동》 I, 105쪽.

157 〈都察使父子論議〉, 《산남창의지》(상).

158 金正明 편, 《조선독립운동》 I, 174쪽; 《한국독립운동사》 자료 8(의병편 I), 422~423·428~429쪽.

159 이구용, 〈운강 이강년의 항일의병활동〉, 《강원사학》 7; 정제우, 《구한말 의병장 이강년 연구》, 인하대학교 박사학위논문, 1992.

또 허위와 함께 을미의병 때 김산의진에 참여했던 의병장 양제안은 산남의진에서 활동하면서 유격전을 구상하였다.[160] 덕유산을 중심으로 오른쪽으로는 문태수文泰洙와 연결하여 지리산을 장악하고, 왼쪽으로는 이강년과 연결하여 조령·태백산·소백산 일대를 장악한다는 계획이었다.

후기 의병사에서 가장 주목되는 것은 서울 진공을 목표로 한 13도창의대진소의 연합 의병진 결성이다. 이것은 창의 초부터 허위를 비롯한 각 의병장들이 구상한 의병진 상호 연합이나 제휴의 결실이라는 의미가 있다. 또 이것은 허위가 경기도 연천에서 창의했던 이유 가운데 하나이기도 하였다.[161]

2. 정미년 연천에서 창의하다

1907년 헤이그밀사사건에 이어 7월 19일 고종의 퇴위, 7월 24일 정미7조약, 7월 31일 군대 해산 등 일련의 망국 사태가 이어졌다. 이에 이강년·민긍호閔肯鎬·허위·김동신金東臣·이인영·

---

160 양한위, 《양벽도공제안실기》.

161 박민영, 〈왕산 허위의 후기의병전쟁〉, 《왕산 허위의 나라사랑과 의병전쟁》, 구미시·안동대학교박물관, 2005.

헤이그특사

기삼연奇三衍·이석용李錫庸·이진용李鎭龍 등이 대규모의 의병 부대를 전국 각처에서 결성하였다.[162]

　군대 해산에 반대한 군인들의 봉기와 의병 합류는 의병 투쟁에서 새로운 활력을 불어넣었다. 이들의 합류로 말미암아 의병의 전투력과 군비가 확충되고, 전술적인 취약점이 보완되면서 의병 부대의 실질적인 전투력이 향상되었다. 이리하여 의병 항쟁은 본격적인 국권 회복을 목표로 한 의병 전쟁으로 전환되어 갔다.

162　〈폭도개황〉,《폭도편책》3호.

허위는 1907년 9월 경기도 연천漣川·적성積城 일원에서 창의
하였다. 그는 을미의병 때의 실패 경험과 러일전쟁에서 승리한
일본군의 막강한 전투력에 대한 철저한 인식 위에서 창의를 결
심하였다. 1907년 1월 그는 숙형叔兄 허노許魯(許蕘)와 함께 기
의起義하기로 했고, 허훈許薰이 토지 3천여 마지기를 팔아서 마
련해준 자금을 가지고 있었다. 그뿐만 아니라 1907년 7월 고종
황제에게서 비밀리에 '기의起義'하라는 의대조衣帶詔를 받은 상
태였다.[163]

경기도는 서울을 둘러싸고 있는 지역으로, 일제의 침략 과정
에 따른 대한제국의 정치적 변화를 가장 빨리 접할 수 있는 지역
이었다. 그러므로 어느 지역보다 배일사상과 기운이 높은 지역이
었고, 서울에 있는 통감부를 격파하기 위한 교두보로 여겼다. 따
라서 허위 또한 연고가 없었음에도 여기에서 창의하였던 것이다.

허위는 1907년 9월 창의 이후 연천·적성·양주·파주·개성·
삭녕·안협·토산·이천 등 임진강 유역을 비롯한 경기도 북부에
서 의병을 모집하였다. 당시 여기에서 활동하던 의병장은 장단
군 일원에서 활동하고 있던 김수민金秀敏, 철원·마전 일원에서
활동하던 박종한朴宗漢, 고양·삭녕·토산·안협·일원에서 활동

---

163 〈연보〉,《왕산선생문집》권2.

하던 왕회종王會鍾·김진묵金溱默·김원묵金元默, 강화도 진위대 해산 군인으로 서북부 고양과 동북부 마전·삭녕·연천 일원에서 활동하던 연기우延基羽 등이 있었다.[164]

1907년 9월 연천에서 의병을 일으킨 허위는 경기도 동북부에서 활동하던 의병 부대를 규합하였다. 먼저 고양을 근거지로 삼아 연천·삭녕 일원으로 활동의 근거지를 넓혔고, 연기우 부대와 합진하여 실질적인 전투력을 보강하였다. 이어서 철원 보개산宝蓋山 부근으로 가서 김진묵·왕회종·김원묵 부대와 연합하였다.[165] 이 부대에서 허위는 의병 300명을 거느리는 총대장總大將이 되어 연기우·김진묵을 부장副將, 왕회종을 재무관財務官으로 삼았다.[166]

《대한매일신보》는 왕회종과 김진묵 의병 부대의 활동 상황에 대해서 다음과 같이 보도하였다.

본월 17일에 이천읍에서 개성에 피난한 사람의 말에 의한즉

---

164 김순덕, 〈제2장 후기 의병운동〉, 《경기도항일독립운동사》, 경기도 사편찬위원회.

165 허복 편술, 〈왕산 허선생 거의사실 대략〉, 《독립운동사자료집》2, 독립운동사편찬위원회, 1971, 241쪽.

166 《폭도편책》16, 238쪽.

▲地方消息▼

▲本月十七日에伊川邑으로셔 開城에避亂호人의言을據호즉 義兵은積城朔寧安峽兔山地方 에셔壯丁을募集호는대數爻는 目下에四五百名에達하얏다하 고十五日伊川郡에義兵百餘名 이侵入혼다는대該郡守는義 兵이襲來혼다는報를聞호고郡 內에武器를收合하야何時던지 避亂호며義兵은平康新溪 方面으로出沒하야檄文을飛 호는대大略如左호니 大抵日本人은壬辰以來로韓 國人에敵이되야數十年來로 各地에侵入橫行호니日人과 混居호면韓國八域人民이滅 亡호기至호깃인故로人民을救 濟호기로義兵을募集호얏소 오니錢穀物品을隨力寄附호 라호얏는대義魁는王會鍾金 泰默이라호고

《대한매일신보》 1907년 9월 21일

의병은 적성·삭녕·안협·토산 지방에서 장정을 모집하는데 수효는 목하에 4~5백 명에 달하였다 하고, 15일 이천군에 의병 백여 명이 침입한다는데, 그 군수는 의병이 습래한다는 보고를 듣고, 군내의 무기를 수합하야 피난한다 하며, 의병은 평강·신계 방면으로 출몰하야 격문을 비전하는데, 대략 다음과 같다.

'대저 일본인은 임진壬辰 이래로 한국인에 적이 되어 수십 년 래로 각지에 침입 횡행하니 일인과 혼거하면 한국 팔역八域 인민이 멸망에 이를 것인 고로 인민을 구제하기로 의병을 모집하였사오니 전곡물품錢穀物品을 수력기부隨力寄附하라' 하였는데, 의괴義魁는 왕회종·김진묵이라 하고.[167]

167 《대한매일신보》, 1907년 9월 21일.

이와 같이 허위는 연기우를 비롯하여 김진묵·왕회종 등의 의병 부대를 규합하는 한편, 강원도 일대에서 활동하던 해산 군인 김규식金圭植 부대를 포섭하였다.

허위 등은 13도창의대진소의 연합 의병에 참여할 때까지 철원 등지에서 의병 활동을 펼쳤는데, 《폭도사편집자료》에서 정리하고 있는 주요 활동을 살펴보면 다음과 같다.[168]

○동년 음 8월(양 9월) 허위·연기우延起羽·이여정李汝正의 무리가 철원군鐵原郡의 곳곳에 출몰하여, 동월 13일(9월 20일) 철원읍 우편 취급소 등을 습격, 기타 부근 촌락의 금·곡·물건을 약탈하였다. 연천군漣川郡 우편 취급소장 무나야마宗山倉藏, 철원군 우편 사무원 하라타原田新三郎, 재류 일본상인 에자키江崎吉之助를 참살하였다.

○동년 10월 13일 허위·연기우 등 적도 약 3백 명을 인솔하고 철원읍을 습격 또 군내 각지에 간간이 출몰하였다. 철원읍을 내습하여 우편 취급소에 침입, 공용 서류 기구를 소각하고 순검의 가옥을 파괴, 일명 안춘산安春山으로 부르는 일

168　경무국, 《폭도사편집자료》, 1909, 605~607쪽.

인日人 오쿠다奧田禎次郎의 처의 실부實父인 정치지鄭致止를 살
해하고 가옥 집기를 훼손하였으며, 기타 각 민가에서 금·곡
을 약탈하고 15일까지 체박滯泊하고 떠났다.

○동년 음 9월 12일경(10월 18일) 수괴 허위 등 부하 3백여 명
을 인솔하고 안협읍安峽邑을 습격하여 부근의 부락에 간간이
출몰하였다. 일진회 회원을 죽이고 금품·가축을 약탈한 뒤
수일간 체류하고 어디론가 달아났다.

이 기간 동안 허위는 철원군 신서면 심원사深源寺를 근거지
로 철원·연천·안협 등지에 있던 일본군을 공격하였다. 이때 일
제는 김화 수비대를 동원하여 철원에 주둔하고 있던 허위의 의
병 부대를 공격하였다. 《황성신문》에서는 그 상황을 다음과 같
이 보도하였다.

지난달(9월) 27일 심원방深源方(철원 남방 약 20여 리)에서 일
병이 의도義徒 약 510명과 1시간 20분간 교전 후에 의도를 격
퇴하였고, 신탄막新炭幕(철원 서남 10여 리) 대광리大光里에서

일병이 의도義徒 250명과 1시간 30분간 교전하였다 하고.[169]

곧 철원군 신서면 심원사를 근거지로 삼아 활동하고 있던 허위의 의병 부대를 공격한 일본군의 의병 탄압 상황인데, 일본군의 공격으로 허위의 의병 부대는 상당한 피해를 입었다.

1907년 11월 초 허위는 마전과 적성 사이에 주둔하면서 장단 의병장 김수민 휘하 900여 명과 박종한 휘하 500여 명, 그리고 각처에서 모인 1,200명 등 2,000여 명의 의병을 지휘하였다. 1907년 12월 초에는 그 세력이 점차 늘어나 수천 명에 이르렀는데, 《대한매일신보》는 다음과 같이 보도하였다.

장단군長湍郡 의병은 김수민金秀敏 부하 900여 명과 박종환朴宗煥 부하 500여 명과 각처에 1,200명씩 합위合爲 2,000여 명가량이라는데 마전麻田·적성積城간에 재한 허위의 지휘를 복종한다 하고 각 진으로 내왕하야 작폐作弊를 엄금하며 민간에 효유曉諭한다 하며 일병日兵은 8~9명 혹 1~20명씩 작대作隊하야 정탐偵探한다 하고.[170]

---

169 《황성신문》, 1907년 10월 1일.

170 《대한매일신보》, 1907년 11월 6일.

가평군加平郡 선등산先登山 중에는 의병 수천 명이 주둔하였
는데 그 수령은 허위·조천명趙天明이라 하고.[171]

이즈음 전국 곳곳에서 활동하던 의병 부대와 연합이 구체화
되었다. 의병 부대의 연합은 일찍이 허위가 구상하였고, 11월
그가 휘하의 김훈金壎을 관동창의대장 이인영의 참모장으로 보
내면서 구체화된 것으로 보인다.[172]
　허위는 마전·적성 일원에서 활동하면서 지평·가평 일원에서
활동하고 있던 이인영과 긴밀히 연락하고 있었다. 이 상황을
《대한매일신보》는 다음과 같이 보도하였다.

평안도 의병은 황해도 의장 박
기섭朴基燮과 연락하고, 황해도
의병은 장단長湍 의장 김수민金
秀敏과 상련하고, 김수민은 철
원鐵原 의장 전 참위 김규식金奎
植과 연통하고, 김규식은 적성

《대한매일신보》 1907년 11월 28일

171 《대한매일신보》, 1907년 12월 1일.
172 국사편찬위원회, 《한국독립운동사자료》 자료10(의병편Ⅲ), 128~129쪽.

積城 마전麻田 의장 허위와 상통하고, 허위는 지평砥平 가평加平 등지의 이인영李麟榮과 통섭하고, 이인영은 제천堤川 영동嶺東 등지의 이강년李康年과 원주原州 등지의 민긍호閔肯鎬와 연접되어 서로 의의擬議 통모通謀한다 하고.[173]

허위는 관동창의대진소에 합류하고자 양주로 이동하는 과정에서도 일본군과 접전하였다. 허위의 의병 부대는 1907년 11월 8일 오전 경기도 두일성斗日城 천신면川新面에서 마전읍 마전 헌병분견소를 격파하고 마전麻田에서 전투戰鬪를[174] 치러 마전읍을 점령한 뒤, 양주로 이동하였다.

3. 13도창의대진소에 참여하다

허위는 전국 곳곳에서 활동하고 있던 의병 부대와의 연합을 구체적으로 구상하였다. 1907년 9월 2일 원주에서 관동창의대 장소를 설치하고 관동창의대장에 이인영을 추대하여 13도창의

---

173 《대한매일신보》, 1907년 11월 28일.

174 국사편찬위원회, 《한국독립운동사자료》 8(의병편Ⅰ), 109~110쪽.

대진소를 결성하였다.

이인영은 각지에 격문을 보내
수천 명의 의병을 모아 부서를 편
성하고, 서울로 진격할 계획을 세
웠다. 그러나 "원주는 사방 교통
이 불편하여 도저히 큰일을 도모
하기에 부적합"[175]하다고 판단하
여 진영을 지평砥平으로 이동하 이인영
였다. 이인영은 지평에서 각지의
의병장과 통문을 주고받았는데, 그 통문을 받아본 민긍호·방인
관 등의 부대가 합세함으로써 관동창의대진소를 확대·편성하였
다.[176] 관동창의대진소는 거의 두 달 동안 지평에 주둔하였는데,
이인영의 통문을 보고 지평에 모인 부대는 16개였고, 그 인원은
8,000여 명에 이르렀다.

한편 이인영은 10월 16일경 김세영金世榮을 서울에 파견하여
통감 및 각국 영사관에 "일제의 불의를 성토하고 열강으로 하
여금 의병을 국제공법상의 교전단체로 인정하여 성원해줄 것"을

175 〈의병총대장 이인영씨의 약사〉, 《대한매일신보》, 1907년 7월 19일
      ~8월 1일.

176 국사편찬위원회, 《한국독립운동사자료》 자료8(의병편Ⅰ), 156~157쪽.

요청하는 통문을 발송하였다. 또 1907년 12월(음력 11월) 평안도와 함경도를 제외한 전국에 격문을 발송하여 양주로 모이도록 하였는데, 곳곳에 있던 의병 부대의 연합을 강조하였다.

> 용병用兵의 요결要訣은 고독孤獨을 피하고 일치단결하는 데 있은즉, 각 도 의병을 통일하여 궤제지세潰堤之勢로 경기京畿로 범입犯入하면 온 천하가 우리의 것이 되게 할 수는 없을지라도 한국韓國의 해결에 유리함을 볼 수 있을 것이다.[178]

관동창의대진소는 세 차례에 걸쳐 일본군과 교전을 벌이면서 홍천·춘천을 거쳐 양주에 이르렀다. 이때 허위와 이강년이 도착함으로써 전국 곳곳에서 모인 48개 의병 부대, 1만 명에 이르는 의병이 양주에 집결하였다.

13도창의대진소에 참여하고자 양주에 집결한 의병은 허위 의병 부대 약 2,000명, 민긍호 의병 부대 약 2,000명, 이인영 의병 부대 약 1,000명, 이강년 의병 부대 약 500명, 권중희 의병

---

177 〈의병총대장 이인영씨의 약사〉, 《대한매일신보》, 1907년 7월 19일 ~8월.

178 〈의병총대장 이인영씨의 약사〉, 《대한매일신보》, 1907년 7월 19일 ~8월.

부대 약 500명 등 5대를 비롯하여 평안도의 방인관 의병 부대 80명, 함경도의 정봉준 의병 부대가 80명, 전라도의 문태수 의병 부대 약 100명 등이 있었고, 해산 군인은 민긍호 의병 부대에 포함된 800명, 이은찬·이구채가 거느리고 온 80명, 서울·강화·청주의 해산병 3,000명 등도 있었다.[179]

1907년 12월 양주에 모인 의병장들은 연합 의병대 '13도창의대진소'를 결성하고 관동창의대장 이인영을 '13도창의총대장'으로 추대하였다. 우선 총대장 이인영은 각 도별 의병진의 이름을 정하고 지휘 체계를 정비하였다.[180] 이어서 1908년 1월 초 군사장 허위를 비롯하여 각 도별 부서도 결정하였다.[181]

---

179 신용하, 〈왕산 허위의 제2차 의병활동〉, 《왕산 허위의 사상과 구국의병항쟁》, 금오공과대학교 선주문화연구소, 1995, 43~44쪽; 신용하, 〈허위의 의병활동〉, 《왕산 허위의 사상과 구국의병항쟁》, 금오공과대학교 선주문화연구소, 1995, 203쪽; 신용하, 〈전국 十三道倡義大陣所의 연합의병운동〉, 《한국독립운동사연구》 1, 독립기념관 한국독립운동사연구소, 1987, 12~41쪽.

180 김정명 편, 《조선독립운동》 Ⅰ, 원서방, 1967, 36쪽.

181 박은식, 《한국독립운동지혈사》, 18~19쪽; 《대한매일신보》, 1907년 7월 19일~8월 1일; 신용하, 〈허위의 의병활동〉, 《왕산 허위의 사상과 구국의병항쟁》, 금오공과대학교 선주문화연구소, 1995, 203쪽; 박민영, 〈왕산 허위의 후기의병전쟁〉, 《왕산 허위의 나라사랑과 의

13도창의대진소 총대장	이인영
군사장	허 위
관동창의대장	민긍호
호서창의대장	이강년
교남창의대장	박정빈
진동창의대장	권중희
관서창의대장	방인관
관북창의대장	정봉준

13도창의대진소의 총대장 이인영은 인품으로 추대된 상징적인 총수였다는 점을 볼 때, 허위가 군사장에 추대되었다는 것 또한 고매한 인품을 말해준다. 게다가 전술·전략이 뛰어나고 지리에 밝아 임진강을 중심으로 한 경기 일대에서 용명을 날린 점이 반영되었다. 더욱이 허위는 전국 곳곳에서 활동하던 의병 부대의 연합을 처음부터 계획하고 실행에 옮긴 주인공이었다.

병전쟁》, 구미시·안동대학교박물관, 2005.

4. 서울진공작전을 총지휘하다

13도창의대진소는 서울진공작전을 시작하였다. 1908년 1월 초, 총대장 이인영과 군사장 허위 등은 연합 의병대를 지휘하여 서울을 향해 진군령進軍令을 내렸다. 먼저 군사장 허위는 심복을 서울에 잠입시켜 각국 영사관을 순방하면서 일본의 불의를 성토하고 의병은 애국 혈통이니 국제공법상의 교전단체로 인정하여 그들의 활동을 성원해줄 것을 요청하는 통문을 돌렸다.[182]

13도창의군-서울진공작전 기념비

---

182 《대한매일신보》, 1907년 7월 19일~8월 1일.

1908년 1월 말(음력 1907년 12월) 군사장 허위는 약 300명의 선봉대를 인솔하여 서울 동대문 밖 약 30리 지점에 이르렀다. 허위가 지휘하였던 선봉대에 관해서 일제 측은 다음과 같이 파악하였다.

> 허위를 군사軍師로 하고, 이강년을 호서장湖西將으로 했으며, 이태영李泰榮을 진동장鎭東將으로 하고, 김준수金俊洙를 안무장按撫將으로 했으며, 연기우延基羽를 대대장大隊長으로 하였다. 장차 경성京城에 진입하려고 하여 약 3리里의 지점에 도착하였다. 이 기간의 전투가 38회에 미쳤다.[183]

허위는 이인영과 각 도 창의대장이 인솔하는 본대를 기다렸다. 그러나 1908년 1월 15일 본대가 도착하기 전 허위가 이끄는 선봉대는 잠복하고 있던 일본군의 공격을 받고 후퇴하였다.[184] 이 전투에서 의병장 김규식과 연기우가 일본군의 탄환을 맞고 부상을 당했다.[185]

---

183 김정명 편, 《조선독립운동》 I, 원서방, 1967, 36쪽.

184 김정명 편, 《조선독립운동》 I, 원서방, 1967, 169쪽.

185 독립운동사편찬위원회, 《독립운동사자료집》 2, 1971, 242쪽.

1908년 1월 28일(음력 1907년 12월 25일) 총대장 이인영이 거느린 본대의 가운데 약 2,000명이 동대문에서 30리 떨어진 지점에 이르렀다. 13도창의대진소의 연합 의병대는 음력 정월을 기해서 서울로 진공하여 통감부와 승패를 결정지으려고 하였다.

총대장 이인영이 지휘하는 13도창의대진소는 서울진공작전을 위한 준비를 완료하고 작전을 실시할 단계에 돌입하였으나, 1908년 1월 28일(음력 1907년 12월 25일) 총대장 이인영의 부친이 별세했다는 흉보가 도착하였다. 이인영은 그날로 후사後事를 군사장 허위에게 위임하고 문경으로 귀향하였다.

13도창의대진소 연합 의병대의 모든 지휘권은 군사장 허위에게 위임되었다. 그뿐만 아니라 서울진공작전도 일단 중지하라는 통문이 각 의병 부대의 진영에 배부되었다.[186] 따라서 서울진공작전은 일단 중지되고 각 의병 부대들은 본래의 유진소留陣所로 돌아갔다. 이리하여 13도창의대진소의 서울진공작전은 군사장 허위가 지휘하는 선발대의 전투를 끝으로 본대의 진공작전은 중지되고 말았다. 서울진공작전의 실패를 경험한 의병 부대들은 각기 본거지를 근거로 유격전을 전개하는 전략을 채택하였다.

186　김정명 편, 《조선독립운동》 I, 원서방, 1967, 40쪽.

5. 서울진공작전 이후 유격전을 전개하다

1908년 2월 군사장 허위와 이은찬 등은 양주를 거쳐 다시 북상하여 임진강 유역에 근거지를 마련하였다. 허위를 비롯하여 박종한·김수민·김응두金應斗·이인영李麟榮·이은찬李殷瓚 등은 임진강 유역 일대에서 의병 활동을 벌였다.[187]

허위는 의병 부대의 연합을 모색하여 관동창의원수부關東倡義元帥府를 결성하고 대장으로서 의병 부대를 통합·지휘하였다.[188] 1908년 1월부터 임진강 유역에서 전개된 허위의 의병 활동에 대하여 일제는 《조선폭도토벌지》에서 다음과 같이 기록하였다.[189]

허위는 배일排日을 빙자하고 정의를 표방하고 또 군율軍律을 규정하고 겁탈·폭행을 다스렸다고 하지만, 그 내정內情에는 조금도 종래의 폭도와 다를 것이 없었다. 곧 군표軍票를 발행하여 마음대로 물자의 조달을 하면서 말하기를 '이 군표는 모

187　김정명 편, 《조선독립운동》 I, 원서방, 1967, 167쪽.

188　김순덕, 〈제2장 후기 의병운동〉, 《경기도항일독립운동사》, 경기도사편찬위원회, 111쪽.

189　김정명 편, 《조선독립운동》 I, 원서방, 1967, 167·185쪽.

부호某富豪에게 가서 돈으로 바꾸라' 하고 '만일 그것을 거부하는 자가 있으면 타일 엄벌로써 보복하겠다'는 따위였다.

임진강臨津江 유역에 있는 수괴首魁 허위는 누차 통고문을 발하여 납세 또는 미곡 반출의 정지를 명하고 군자양식軍資糧食의 징발을 집행하고, 또는 한인 순사·헌병 보조원에게 협박장을 보내고, 통신 선로를 저해하고, 관공서를 습격하는 등 그 난동이 심하였으므로, 6월 11일 유산柚山 헌병분견소와 철원 헌병분견소의 하사 이하 15명은 영평永平에 잠복하고 있는 수괴 허위를 생포하자 그 뒤 다소 정온 상태로 돌아가는 경향을 보였다.

허위가 지휘하는 약 400명의 의병 부대는 임진강 유역을 근거지로 유격전을 펼쳤다. 허위는 군율을 규정하여 민폐를 방지하였으며, 군표를 발행하여 군비를 조달하였다. 나아가 통고문을 발하여 납세와 미곡의 반출을 금지하고 의병의 군량을 확보하고자 하였다. 그뿐만 아니라 일제 침략의 협력자인 한인 순사·헌병 보조원에게 협박장을 보내고, 통신선을 끊어 그들의 연락 체계를 마비시켰다. 또 일제 침략의 하부 기관인 관공서를 공격하였다.

한편, 허위는 무기와 화약을 확보하고자 다양한 방법을 시도하였다. 그는 1908년 화약을 얻고자 휘하의 김창식金昌植·한원태韓元泰·이계복李啓福·이기상李起商 등을 서울에 밀파했다.[190] 또 4월 중순에는 휘하의 의병장 김규식을 인천에 잠입시켰으나, 도리어 일본군의 포로가 되었다.[191]

1908년 1월부터 3월까지 일본군 북부수비관구 사령관이 직접 경성 주둔 보병 제51연대 제7중대를 이끌고 공격하였는데, 허위의 의병 부대는 이를 잘 막아냈다.[192] 이에 일제는 궁내부 특진관 장박張博을 시켜 의병 부대의 해산을 권고하였으나 허위는 즉각 거부하였다.[193] 또 대동학회大東學會 회장 신기선申箕善도 이병채李秉埰를 통해 투항을 권고하였으나, 그는 이를 거부하고 '죽을 때까지 국권 회복을 위하여 무력투쟁을 하겠노라'고 선언하였다.[194]

임진강 유역에서 허위가 지휘하던 의병 부대의 구체적인 활

---

190 〈경시총감의 보고, 폭도 체포의 건〉, 《경비에 관한 서류편책》, 1908년 3월 20일.

191 〈인천경찰서장 보고〉, 《주한일본공사관기록》, 1908년 4월 12일.

192 김정명 편, 《조선독립운동》 I, 원서방, 1967, 167쪽.

193 김정명 편, 《조선독립운동》 I, 원서방, 1967, 43쪽.

194 〈내부 경무국장의 보고〉, 《주한일본공사관기록》, 1908년 6월 4일.

동을 보여주는 자료는 거의 없다. 허위의 휘하 의병 부대로 추
정하는 일제의 보고서가 있지만, 명확한 것은 아니고 추측에 가
까운 것이다. 다만 이 자료로 허위를 비롯하여 예하 의병 부대
가 파주·적성·연천·철원 일대의 임진강 및 한탄강 유역에서 활
동했던 것을 파악할 수는 있다.

　1908년 4월 21일 허위는 이강년·이인영·류인석·박정빈 등
과 함께 다시 의병을 일으킬 것을 요청하는 통문通文을 전국에
발송하였다.[195] 1908년 5월에는 박노천朴魯天·이기학李基學 등
을 서울에 파견해 통감부統監
府 파원派員과 교섭하였다. 그
는 32개조에 달하는 요구 조
건[196]을 수락하지 않으면 서울
로 다시 진격할 것이라고 하
였다.[197]

《대한매일신보》 1908년 5월 23일

195　독립운동사편찬위원회,《독립운동사자료집》2, 1971, 242쪽;《대
　　　한매일신보》, 1908년 4월 30일.

196　《대한매일신보》, 1908년 5월 23일.

197　〈경시총감의 보고, 적괴의 복권운동〉,《주한일본공사관기록》,
　　　1908년 5월 19일.

① 태황제를 복위시켜라.

② 외교권을 환귀시켜라.

③ 통감부를 철거하라.

④ 일본인의 서임을 시행치 말라.

⑤ 형벌권의 자유를 회복하라.

⑥ 통신권의 자유를 회복하라.

⑦ 경찰권의 자유를 회복하라.

⑧ 정부 조직의 자유를 회복하라.

⑨ 군대 시설의 자유를 회복하라.

⑩ 의관을 복고하라.

⑪ 을미·을사·정미의 국적國賊을 자유로이 처참處斬케 하라.

⑫ 내지의 산림·택澤·금·은·동광을 침해하지 말라.

⑬ 내지의 부동산 매매를 하지 말라.

⑭ 항해권을 환귀시켜라.

⑮ 어채魚採의 이익을 침해하지 말라.

⑯ 교육의 자유권을 회복하라.

⑰ 출판권의 자유를 회복하라.

⑱ 군용지를 환귀하라.

⑲ 일본인 거류지를 환귀하라.

⑳ 철도를 환귀하고 물러가라.

㉑ 학회 이외를 자유롭게 해산시켜라.

㉒ 해관세법海關稅法의 자유를 회복하라.

㉓ 일본인의 상업을 제한하라.

㉔ 일본인의 상업 물품을 제한하라.

㉕ 일본인의 상륙을 제한하라.

㉖ 국채國債를 시행치 말라.

㉗ 인민의 손해를 배상하라.

㉘ (일본)은행권을 시행하지 말라.

㉙ 지방의 (일본군) 병참을 철거하라.

㉚ 일본에 현재 있는 망명객 등을 속히 잡아들여라.

위 30개 조항은 허위가 통감과 담판하고자 내세운 요구 조건이다. 이것은 허위를 비롯하여 13도창의대진소에 참여하였던 각처 의병 부대 의병장들의 정치적 목표였고, 한국인들의 염원이기도 했다. 하지만 그의 계획은 실제로 실현 불가능한 것이었다.

허위는 1908년 6월 11일 그의 은신처를 탐지한 일본 헌병대에게 잡혔다. 당시 허위는 영평군 서면西面 유동杻洞 박정연朴政淵의 집에 몸을 숨기고 있다가 유산 헌병분견소와 철원 헌병분견소의 헌병에게 체포되었다.[198]

---

198 경무국, 《폭도사편집자료》, 1909, 602쪽; 《황성신문》, 1908년 6월 19일.

허위가 체포되어 순국한 뒤에도 그의 휘하 의병장 이병채·
김규식·권중설·고재식 등은 의병 투쟁을 지속적으로 펼쳤다.
이병채와 김규식은 나라가 망하자 만주로 망명하여 김좌진·홍
범도 등과 함께 항일 무장투쟁을 벌였고, 권중설·고재식 등은
창의원수부를 조직하고 그 대장이 되어 오랜 항전을 벌였다.[199]

6. 체포에서 순국까지 대한 남아의 기개를 떨치다

1908년 6월 11일 체포된 허위는 6월 17일 경성 헌병대로 이
송되었다. 이송되기 전 철원 헌병분견대 오오타太田 대위에게
취조를 받았는데, 허위는 동양 평화를 지키고자 의병을 일으켰
다고 하였다.

한국의 부흥을 꾀하는 이유는 결코 한국만을 위하는 것이 아
니고, 실로 동양 평화라는 대의大義에 입각한 것이다. 만일 일
본이 한국을 병합할 것 같으면 중국은 반드시 일본을 시기하
게 될 것이다. 중·일 사이의 국교가 원만하지 않고 어떻게 동

---

199 《대한매일신보》, 1910년 3월 17일.

양 평화를 유지할 수 있겠는가? 이런 것을 안다면 먼저 일본
은 성심성의를 다해서 한국을 보호하고 다시 진심으로 중국
을 원호함으로써 처음으로 일본은 맹주盟主로서 동양은 영원
히 평화의 유지를 얻게 될 것이다. 오늘 내가 한국의 부흥을
계획하는 것은 실로 세계 대세를 보고 동양의 영원한 평화를
위한 것이지 단순하게 일본만을 위한 것도 아니고, 또한 한국
만을 위한 것도 아니다. 나는 오늘 누세累世의 욕을 받고 있지
만 털끝만큼도 슬픈 것이 없다. 내가 원하는 것은 속히 경성京
城에 나아가서 일본 당로當路의 대관大官을 만나 이런 고충을
말하여 서로 이해가 상통되는 점이 있다면, 다시 도쿄에 가는
기회를 얻어 직접 일본 정부 당로자들에게 나의 뜻을 극언極
言할 수 있을 것이다.[200]

허위는 동양 평화론을 통해 일본의 침략성을 경고하였다. 이
러한 허위의 동양 평화론은 상소와 격문, 그리고 자식들에게
남긴 유서 속에서도 일관되게 주장되고 있다.

허위는 두 차례에 걸쳐 주차 군헌병 사령관 아카시 겐지로明
石元二郞의 심문을 받았다. 그는 심문 과정에서 일제의 침략상

---

200 小林德郎, 《明石元二郞》上卷, 昭和 3年 4月, 428쪽.

을 다음과 같이 규탄하였다.

일본은 말로는 한국 보호를 주장하지만 내실內實은 한국을
멸망시키려고 하는 화심禍心을 포장包藏하고 있다. 이 때문에
우리들은 좌시坐視할 수 없어 한 목숨을 바쳐 의병을 일으킨
것이다.[201]

곧 그는 일본의 침략상을 성토하고, 나아가 의병을 일으킨
목적과 국권 회복의 당위성을 당당히 주장했던 것이다. 이에
대하여 아카시는 다음과 같이 말했다.

일본이 한국에 임하는 것은 비유하면 병자를 안마按摩하는
것과 같다. 팔다리와 몸뚱이를 주무르고 두드리면 일견 병자
를 고통에 떨어뜨리는 것 같이 보일지 모르지만, 이것은 병자
를 치료하고자 하는 것이며, 마침내는 병자의 병은 낫게 될
것이다.[202]

---

201 독립운동사편찬위원회, 《독립운동사자료집》 2, 1971, 243~245쪽.
202 독립운동사편찬위원회, 《독립운동사자료집》 2, 1971.

아카시는 허위에게 일본의 침략이 한국의 국권을 보호하고자 하는 것이라 설명했다. 이 말을 들은 허위는 책상 위에 있는 겉은 붉고 속은 남색인 연필을 들고, 다음과 같이 아카시의 말을 반박하였다.

이 연필을 보라. 일견 붉은색이지만 그 내면은 남색이지 않은가. 귀국이 한국을 대하는 것이 이와 같다. 그 껍질과 내면이 크게 다름은 다툴 것도 없이 명백한 것이다.[203]

아카시는 심문 과정에서 허위의 인품과 식견에 승복하여 마음속으로 그를 존경했다. 그는 허위를 국사國士로 일컬으며 감탄하였다.

또 헌병 사령부에서 신문訊問을 받는 과정에서 "의병을 일으키게 한 것은 누구이며 대장은 누구이냐?"고 묻자, 허위는 다음과 같이 응대하였다.

의병을 일으킨 사람과 대장은 일인日人이 먼저 아는 것이 아닌가. 의병을 일으키게 한 것은 이토伊藤요, 대장은 허위許蔿니라.[204]

---

203 독립운동사편찬위원회, 《독립운동사자료집》 2, 1971.

204 독립운동사편찬위원회, 《독립운동사자료집》 2, 1971.

허위는 1908년 7월 7일 자신이 원장으로 있었던 평리원으로 넘겨졌다. 평리원에서 진행된 1차 신문訊問에서 한국인 판사와 검사가 교대로 의병을 일으킨 연유를 물었다. 이에 허위는 "나는 일인日人에게 피착被捉되었으니 본국 관인은 물문勿問하라."고[205] 하며 이들을 질책하였다.

"너희들은 비록 한국에서 났으나 한결같이 교활한 왜적의 주구이니 이런 말을 할 것이다. 나는 대한국大韓國의 당당한 의병장이다. 너희들과 변론辯論코자 하지 않으니 다시는 묻지 말라."[206]

평리원에서 다시 경성공소원京城控訴院으로 넘어간 허위는 1908년 9월 15일 제1회 신문을 받았다. 이때 재판장이 심문을 하려 했으나 허위는 다음과 같이 거부하였다.

● 그대가 허위냐?
○ 나는 허위여니와 너희의 신문에 답하지 않을 것이다. 너희

205 《대한매일신보》, 1908년 7월 16일.
206 독립운동사편찬위원회, 《독립운동사자료집》 2, 1971.

는 모두 일본인이요 나는 한국인인즉 일본인의 재판은 받지
않겠노라.

● 그렇지 않다. 나 등이 비록 일본인이나 한국 정부에 고빙雇
聘되었은즉 한국의 사법관이 될 뿐 아니라 또 사법관은 한국
폐하의 어칙御勅에 따르고 법률을 준거準據하여 재판함이라.

○ 이는 결코 태황제 폐하의 참뜻이 아니시오. 한일 협정도
일본이 강력으로써 압박하여 성립됨에 불과하고 소위 법률도
너희들이 임의로 제정한 것이니 우리 한국인은 이 법률에 복
종할 의무가 없다.[207]

1908년 9월 18일 허위는 사형 선고를 받았고, 1908년 10월
21일 오전 10시에 형이 집행되었다. 사형이 집행될 때 일본 승려
가 불경을 외려 하자 허위는 다음과 같이 거절하였다.

충의의 귀신은 스스로 마땅히 하늘로 올라갈 것이요, 혹 지옥
으로 떨어진대도 어찌 너희들의 도움을 받아 복을 얻으랴.[208]

---

207   독립운동사편찬위원회, 《독립운동사자료집》2, 1971.

208   독립운동사편찬위원회, 《독립운동사자료집》2, 1971.

허위 순국지(서대문 형무소 사형장)

또 한국인 검사가 "시신을 거둘 사람이 있는가?" 하고 묻자, 허위는 "사후死後의 거둠을 어찌 괘념掛念하리오, 이 옥중에서 썩어도 좋으니 속히 형을 집행하라."고 하였다. 이와 같은 허위의 순국 모습을 《대한매일신보》는 〈천일무광天日無光〉(하늘의 태양도 빛을 잃었다)이라는 제목으로 보도하였다.

의병 부대장 허위 씨를 사형에 처함은 기위보도己爲報道하였거니와 검사檢查 모某씨가 사형을 집행할 시에 허위 씨를 대하여 교형사絞刑死를 현행現行하거니와 후에 친족에게 혹유유

◉天日無光　義兵大將

許爲氏를 宛刑에 處홈은 己爲報
道를 앗앗거니와 檢事某氏가 死刑
을 執行할時에 許爲氏를 對하야
曰 絞刑死를 現行하거니와 後에
汝의 親族의게 或有遺言이거던
詳言하라 許爲氏가 顔色을 變
不變曰 余爲國事라가 不幸被捉
하야 當死刑하니 就死而已오
親族의게 更無他遺言이로라 한
卽 檢事某氏 曰 死後屍身을 收去할者
가 親族中에 有誰乎아 한디 許爲
氏가 又答曰 死後斂屍를 何足掛
念이리오 此獄中에서 腐爛이라도
亦 無妨하니 速行絞刑하라 하얏
다 더라

허위 순국 기사(《대한매일신보》 1908년 10월 24일)

언혹유遺言이거던 상언詳言하라 한데, 허위 씨가 안색을 불변不變 왈曰 여위국사余爲國事타가 불행피착不幸被捉하여 금당사형今當死刑하니 취사이기就死而己오 친족에게 갱무타언更無他言이로다 한즉 검사 모某씨가 왈 시신屍身을 수거收去할 자가 친족 중에 누가 있는가 한데, 허위 씨가 또 대답하여 말하기를 사후렴시死後斂屍를 어찌 괘념掛念하리오, 이 옥중에서 썩어도 역시 무방하니 속히 교형을 집행하라 하였다더라.[209]

---

209 《대한매일신보》, 1908년 10월 24일.

의병장 왕산 허위는 1908년 10월 21일 순국하였다. 그의 나이 54세였다. 그는 죽음을 맞이하며 다음과 같은 유서를 남겼다.

국치민욕이	國恥民辱
이에 이르렀으니	乃至於此
죽지 않고 어이하리오	不死何爲
아버지 장례도 치르지 못하고	父葬未成
나라의 주권도 회복하지 못했으니	國權未復
불충불효한 몸이	不忠不孝
죽은들 어찌 눈을 감으리오	死何瞑目[210]

그가 순국한 뒤, 그 시신은 제자 박상진朴尙鎭이 반장返葬하였다. 이때 종로鐘路 상인들이 각자 성의를 다해 염의斂衣와 이불솜과 관곽棺槨을 마련하였고, 박상진이 직접 반구返柩하여 지천芝川 방암산肪巖山에 임시로 장사하였다.[211] 또 그가 순국한 뒤 많은 유생들이 만사와 제문으로 추앙하였다. 특히 눈에 띄는 것은 안중근安重根 의사의 것이다.

---

210 〈연보〉, 《왕산선생문집》 권2.

211 〈연보〉, 《왕산선생문집》 권2.

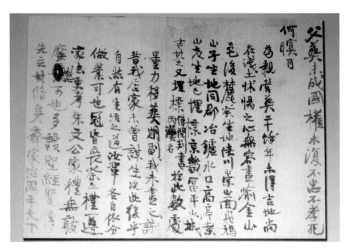

허위의 유서(왕산허위선생기념관 제공)

허위 씨와 같은 진충갈력盡忠竭力 용맹勇猛의 기상이 동포 2천
만 민에게 있었더라면 오늘의 국욕國辱을 받지 않았을 것이
다. 우리나라의 고관高官은 자기 생각만 있고 나라 있음을 모
르는 자가 많았다. 그러나 그는 그렇지 않았다. 그러므로 고
관 중에 충신忠臣이라 할 수 있다.[212]

---

212 〈제5회 안응칠 공술 요지〉.

허위 묘소(왕산허위선생기념관 내)

안중근 의사의 허위에 대한 평가는 두 사람이 피력하고 있는 동양 평화에 대한 인식과 함께 많은 시사를 하고 있다.

제5장
왕산 문중의 망명과 투쟁

한말 대표적인 의병장 왕산旺山 허위許蔿는 경북 선산군善山郡 구미면龜尾面 임은리林隱里 출신이다. 또 그의 맏형 허훈許薰은 진보의진의 창의장이었고, 형 허겸許蒹은 형과 아우를 도와 창의에 참가하였다. 그뿐만 아니라 1910년 국권 상실 이후 허겸許蒹과 허형許衡·허필許苾 등은 그 일가를 이끌고 만주와 노령으로 망명하여 국권 회복을 위해 항일 투쟁을 펼쳤다.

왕산 허위는 구한말 거유巨儒로 명망이 자자했던 허훈에게 학문을 배운 전통적인 유생이었다. 그뿐만 아니라 그의 경륜과 포부는 성리학적 유생에 머물지 않는 경세가였다. 더욱이 관직에 나아간 허위는 망국의 사태에 저항하여 경세 철학을 펼치기도 했지만, 국권 회복에 투신한 의병장으로서 투쟁과 순국으로써 망국 지사의 우국충절을 보여주었다.

허위가 순국한 뒤 허겸을 비롯한 그의 일가는 만주로 망명하였고, 그의 의병 동지 양제안과 문인 박상진 등도 국내외에

서 조국 광복에 몸을 바쳤다. 더욱이 허겸과 종형제인 허형·허
필은 남·북만주를 전전하다가 이역異域의 하늘 아래 뼈를 묻었
고, 그들의 아들들도 만주와 노령을 옮겨 다니며 독립운동에
일생을 바쳤다. 지금도 그 후손들은 이역 하늘 아래 국제 미아
迷兒로 살고 있다.

선산의 임은 허씨는 대대로 쌓아올린 명문의 전통과 영화를
국가와 민족을 위해 바쳤다. 누가 '집안의 슬픈 이야기'라고 한
탄했던가. 청사青史에 기억되어 인류에 회자膾炙될 것이다.

1. 방산 허훈 계열의 독립운동

1) 허훈

방산舫山 허훈許薰(1836~1907)은 청추헌聽秋軒 조祚와 진성이
씨 사이의 4남 2녀 가운데 장남으로 태어났다. 허훈의 학문은
가학家學에서 출발하여 성재性齋 허전許傳과 계당溪堂 류주목柳
疇睦의 문하에서 수학함으로써 근기학파近畿學派와 영남학파嶺
南學派를 계승하였다.

임은의 허씨들은 일찍부터 근기 지방의 남인들과 인연을 맺
고 있었다. 입향조인 불고헌不孤軒 허돈許暾은 미수眉叟 허목許穆

의 문하를 출입하였고, 허훈의 증조부 태초당太初堂 허임許恁은 채제공의 문인들과 교유하였다. 허임은 1813년 진사시에 합격하고 여러 번 벼슬에 천거되었으나 나아가지 않았던 대유大儒였다. 그로부터 가학을 이어받은 이가 바로 허훈이다.

허훈은 29세에 김해 부사로 부임한 허전許傳의 문인이 되어 허목과 이익으로 이어지는 근기 남인의 학풍을 계승하였고, 나아가 류성룡의 학통을 계승한 류주목의 문인이 되어 영남학파의 학문도 섭렵하였다.[213] 따라서 허훈은 허전을 통해 근기학파의 실학을 받아들였고, 영남학파의 성리학적 분위기를 수용할 수 있었다.

허훈은 근기학파의 실학을 받아들여 국가재정·국방 등의 현실적인 분야에 관심을 기울이는 한편, 이기론에서 주리적인 측면을 강조하여 사회문제를 원칙적인 수준에서 접근하고자 하였다. 이러한 경향은 조선 말기 위기 상황 아래에서 현실 개혁적인 방향으로 기울었고, 퇴계를 계승한 안동 유림의 의병 투쟁에 보조를 맞추어 기꺼이 의병 부대를 조직하기에 이르렀다. 그뿐만 아니라 두 아우 허겸과 허위의 의병 투쟁, 문인 장지연의 민족주의적 계몽운동에 영향을 끼치기도 하였다.

---

213 〈家狀〉, 《방산전집》 권23; 이우성, 〈해제〉.

허훈은 아우 왕산 허위와 함께 1894년 동학농민운동을 피하여 흥구(현 청송군 진보면 흥구리)로 이거하였다. 왜냐하면 1894년 여름부터 동학농민군이 선산 읍성을 점령하고 양반 지주층에 대해 보복했기 때문이다.

허훈 묘도비(청송 진보면 괴정리)

1895년 허훈은 진보에서 명성황후 시해와 단발령 공포 소식을 듣게 되었다. 1896년 1월 20일 안동을 시작으로 곳곳에서 의병이 창의하였다는 소식도 들었다. 또 고향인 선산 임은에 돌아와 있던 허훈의 형제들은 안동의진 의병장 권세연權世淵의 창의를 독려하는 편지를 받았다.[214] 이러한 상황에서 허훈 형제들은 창의를 결심했고 허훈은 진보에서, 허위는 김천에서 창의하기로 하였다.

허훈은 고향에서 진보 흥구로 귀가하여 1896년 4월 초순(음력 2월 25일) 창의하였다. 진보의진眞寶義陣 창의장은 허훈이고,

---

214 〈書〉'答權祖源世淵 丙申',《국역방산전집》권8.

부장은 신상익申相翼이었다.[215]

허훈의 진보의진은 그 규모나 전투력이 매우 열악하였다. 진보의 군세가 미약하고 곳곳에서 의병진이 조직되었기 때문에 군사와 군수품을 조달하기가 쉽지 않았던 것이다.

우선 허훈은 그의 아우 허겸許兼(許魯 혹 許煥)을 김도현金道鉉에게 보내 진보의진으로 초청하였다. 허훈의 부름을 받은 김도현은 장차 안동의병을 얻어 남으로 가서 소모召募하기로 하고 허겸과 함께 안동의진으로 갔다.[216]

1896년 청송의진의 진중일기인 《적원일기赤猿日記》에 따르면, 진보의진은 창의한 뒤 어천漁川·남면南面 화마리禾馬里 등지로 진영을 옮기며 안동·청송·영양·의성 등 주변 의진과 사통私通을 교환해서 협조 체제를 갖추었다.[217] 더욱이 진보의진은 청송의진의 감은리甘隱里 전투 이후 영양·청송의진과 합세하여 의성의진을 응원할 계획을 세우기도 하였고,[218] 안동의진의 배후

215 《적원일기》, 1896년 2월 25일·3월 초10일.

216 앞의 책, 《벽산선생창의전말》, 721쪽.

217 《적원일기》, 1896년 2월 25일·3월 초10일.

218 《적원일기》, 1896년 4월 초7일.

로서의 몫도 수행하였다.[219]

을미의병 이후 허훈은 1905년 아우 허겸과 허위에게 전답 3천여 마지기를 군자금으로 제공하였다. 1907년 봄 도산서원陶山書院과 병산서원屛山書院의 원장에 추대되었지만, 그해 8월 서거하였다. 우대락禹大洛·권수엽權秀燁·권수승權秀升·권중호權重鎬 등이 모두 진보 출신으로 그의 문하에서 수학하였다.[220]

2) 허겸

성산性山 허겸許蒹(1851~1940)은 아버지 조祚와 어머니 진성이씨 사이의 네 형제 훈薰·신蓋·겸蒹·위蔿 가운데 셋째 아들로 태어났다. 성산의 이름은 혁爀·겸蒹·환煥·노魯를 차례로 사용하였는데, 초명이 혁爀이었고, 1896년 을미의병 때에 쓴 이름이 겸蒹, 1907년 경기도 연천에서 창의하여 의병 투쟁을 펼칠 때 쓴 이름이 환煥, 그리고 만주로 망명하여 부민단扶民團을 조직할 때 쓴 이름이 혁爀이었다.

허겸은 1896년 허위의 김산의진과 허훈의 진보의진에서 의병 활동을 전개한 이후, 1905년 을사늑약 반대운동과 1907년 의병

---

219 《적원일기》, 1896년 4월 초9일.

220 〈家狀〉,《방산전집》권23.

투쟁에 나섰다. 그리고 1912년 만주로 들어가 부민단扶民團 단장을 역임하는 등 국내·외에 걸쳐 독립운동에 헌신하였다.

1896년 3월 29일(음력 2월 16일) 허위가 김천·상주·선산 유생들과 함께 이기찬을 대장으로 추대하고 김천에서 창의하자, 허겸은 찬획贊劃으로 참여하였다.[221] 곧이어 허훈이 1896년 4월 초순(음력 2월 25일) 진보에서 창의하자 그는 형을 돕고자 진보로 갔다. 진보의진에 김도현金道鉉을 초청하고자 허겸은 안동으로 갔고, 김도현이 진보에 들어오자 그와 함께 소모召募 활동을 펼치기도 하였다.[222]

1904년 2월 러일전쟁 발발 이후 일본의 한국 침략은 노골화되었고, 이에 편승한 일진회의 활동이 기승을 부렸다. 이에 1904년 12월 허겸은 일진회 지방지회를 타파하고자 수만 원의 운동비를 마련하고 삼남三南으로 내려가 반일진회 세력을 규합하여 허위의 구국운동을 지원하였다.[223]

1905년 허겸은 을사늑약 반대운동에 참여하였다. 을사늑약의 부당성을 말하며 조약을 반대하는 상소를 올렸으며, 1905년

---

221 여중룡, 《갑오병신일기》.

222 앞의 글, 《벽산선생창의전말》, 721쪽.

223 《황성신문》, 1904년 12월 26일; 《대한매일신보》, 1904년 12월 26일.

10월 21일 이완용·이근택 등의 오적암살사건五賊暗殺事件에 가담하여 투옥되었다가 귀양까지 살았다.[224]

1907년 허겸은 아우 허위가 경기도 연천에서 창의하자 그 막하幕下에 참여하였다. 허겸의 활동 지역은 경기도 연천漣川·삭녕朔寧 등으로 부하 약 400명을 이끌었다. 이때 허훈은 토지 3천여 마지기를 매각하여 허겸과 허위 두 아우에게 군자금을 지원하였다.[225]

허겸은 종손 허종許鍾(방산의 손자)과 함께 1907년 4월 신민회新民會의 회원으로 활동하였다.[226] 그리고 1912년 허위의 유족들을 데리고 만주로 망명하였다. 그 뒤 김동삼·류인식 등과 함께 만주 통화현通化縣에서 중어학원中語學院을 개설하여 한韓·중中 양국 사람들의 친선과 한인의 재만在滿 활동을 지원하는 데 힘을 기울였다. 그뿐만 아니라 그는 합니하哈泥河에서 경학사耕學社를 계승한 부민단扶民團을 조직하여 초대 단장에 취

---

224 《대한매일신보》, 1905년 2월 25일; 송상도, 《기려수필》, 82~83쪽; 여중룡, 〈乙巳日記〉, 《남은선생유집》 권2; 김승학, 《한국독립사》(하), 301쪽.

225 《폭도에 관한 편책》 제30호.

226 신용하, 〈신민회의 창건과 그 국권회복운동〉, 《한민족독립운동사연구》, 을유문화사, 1985, 46쪽.

임하였다. 부민단은 남만주에 이주한 한인 개척 농민의 자치기관으로 민생·교육·군사 등의 구국운동을 전개하였다. 이때부터 그는 이름을 혁爀으로 사용하였다.

허겸은 부민단을 이끌며 10여 년 동안 남·북만주와 노령, 그리고 국내에 잠입하는 등 독립운동을 전개하였다.[227] 그는 1919년 2월 발표된 〈대한독립선언서大韓獨立宣言書〉에 부민단 대표로 서명하였고,[228] 1920년 1월 김구·이상룡·안창호 등과 함께 대한민국 임시정부의 군사협회軍事協會 군사독판참모총장 류동열柳東說의 명으로 〈경고동포급수군비서警告同胞急輸軍費書〉를 발표하여 독립군의 대일 항전에 출동할 시기가 도래하였음을 선언하면서, 군기軍器와 군향軍餉을 조달할 군자금의 지원을 호소하였다.[229] 또 허겸은 대한광복회의 회원으로 박상진朴尙鎭과 이관구李觀求를 연결하는 역할을 하기도 했다.[230]

227 채근식, 《무장독립운동비사》, 공보처, 1949, 50쪽; 김승학, 《한국독립사》(하), 301쪽; 김정명 편, 《조선독립운동》 Ⅲ, 877쪽.

228 채근식, 위의 책, 78쪽. 〈대한독립선언서〉는 〈무오독립선언서〉로도 알려져 있는데, 발표일 단기 4252년 2월, 곧 1919년 2월에 대해 음력과 양력을 두고 연구자들의 논란이 있다.

229 국회도서관, 《한국민족운동사료》 3(3·1운동사료), 612쪽.

230 이관구, 〈의용록〉 '허혁조', 《의용실기》.

〈대한독립선언서〉

더욱이 주목되는 것은 71세의 고령으로 1922년 부하 30여 명과 함께 국내에 잠입하여 군자금을 모집했던 일이다. 끝내 동대문경찰서에 잡혀 옥고를 치렀다.[231]

231 《매일신보》, 1922년 7월 29일.

허학(왕산허위선생기념관 제공)

출옥한 그는 86세에 다시 만주로 망명하여 광복운동에 헌신하다가, 1940년 90세를 일기로 주하현珠河縣 하동河東에서 서거하였다.[232] 1991년 건국훈장 애국장이 추서되었다.[233]

3) 허학

박경博卿 허학許壆(1887~1940)은 허위의 장남이다. 아명은 만령萬齡이며, 형형瀅이라고도 불렀다. 첫째 아우 허영許瑛(1890~?)의 아명은 억령億齡이며, 둘째 아우 허준許埈(1895~1956)의 아명은 천령千齡이고, 막내 아우 국壆(1899~1955)은 아명이 경령京齡이다.[234]

허학은 아버지 허위가 1907년 경기도 연천에서 창의할 때 21살의 나이로 참여하였다. 그는 곳곳에서 잠복하여 활동하고

---

232 이동영, 〈임은 허씨의 항일운동〉, 《한국독립유공지사열전》, 육우당기념회, 1992, 130쪽.

233 국가보훈처, 《독립유공자공훈록》1, 965쪽.

234 〈연보〉, 《왕산선생문집》권2.

있던 의병장들에게 무기를 조달하였다. 1913년 9월 그는 임병찬林炳瓚·이인순李寅淳·전용규田鎔圭 등과 함께 독립의군부 사건獨立義軍府事件의 주모자로 연루되었고, 1914년 5월 동지 54명과 함께 일본 경찰에게 잡혀 옥고를 치렀다. 독립의군부 사건에는 허학을 비롯하여 매제 이기영李起永과 그의 형 이기상李起商, 허위의 부하였던 정철화鄭哲和 등이 연루되었다.[235]

1912년 허겸이 허위의 가족을 데리고 서간도 통화현 합니하哈呢河로 망명하였는데, 이보다 앞서 허학은 1909년 만주로 건너갔다. 그 뒤 그는 강산崗山 이도구二道溝에서 김동삼金東三 등과 같이 동화학교東華學校를 설립하였고, 1917년 유하현柳河縣 전수하자前樹河子에서 이세기李世基 등과 함께 동흥학교東興學校를 설립하여 후진 양성에 주력하였다.

1920년 일본군의 간도 출병 직후 허학을 비롯해 그의 재종숙 허형과 허필 등은 서간도를 떠나 일제의 탄압이 미치지 않고 동포들이 많은 북만주로 이주하였다. 그 가운데서 허학과 허국을 비롯한 허위의 가족들은 주하현珠河縣으로 이주하였다.[236]

1925년 김혁을 위원장으로 한 신민부新民府가 창립되자, 허

---

235 경북경찰부, 《고등경찰요사》, 1934, 177쪽.

236 장세윤, 〈허형식 연구〉, 《한국독립운동사연구》 7, 독립기념관 한국독립운동사연구소, 1993, 375쪽.

학은 원로들로 구성된 참의원 의원으로 선출되어 활동하였다. 이때 참의원장은 이범윤李範允이었고, 참의원은 허형이었으며, 그 밖에 허학·김규진金奎鎭 등이 있었다.[237]

1934년 허학은 일제 관헌의 비밀문서인 《국외國外에 있어서 용의조선인명부容疑朝鮮人名簿》에 남만주 군정서원으로 요시찰 인물로 지목되었다. 그의 아우 허영(허억령)·허준(허천령)·허국 (허경령) 등도 같은 혐의로 수배 대상이었다.[238]

허학은 1940년 9월 28일 카자흐스탄에서 사망하였다.[239] 1991년 건국훈장 애국장이 추서되었다.[240]

4) 허종

중산重山 허종許鍾(1883~1949)은 허훈의 큰아들인 래정공來 亭公 허숙許塾의 아들이다. 일찍이 허훈에게 글을 배웠고, 외조 부 한주寒洲 이진상李震相에게 촉망받았다. 허종은 천성이 활협 濶俠하고 의협심이 강했다. 그래서 어려운 사람이나 독립운동

---

237 국사편찬위원회, 《한국독립운동사》 4, 1968, 812쪽.

238 조선총독부 경무국, 《국외에 있어서 容疑朝鮮人名簿》, 1934, 101쪽.

239 《금주허씨 임은파보》, 1987; 이동영, 〈임은 허씨의 항일운동〉, 앞 의 책, 육우당기념회, 1992, 135쪽.

240 국가보훈처, 《독립유공자공훈록》 1, 972쪽.

을 하는 동지를 돕는 데 온 힘을 다하였다.

허종은 종조부 허겸許蒹(혹은 㶴)과 같이 신민회 회원으로 대구에서 활동하였다.[241] 신민회는 1907년 4월 초 도산 안창호가 발기하고 양기탁·전덕기·이동휘·이동녕·이갑·류동열·안창호 등 7인이 창건 위원인 비밀결사였다. 대구는 신민회의 거점이었고, 그 조직은 경상북도까지 퍼져 있었다. 1920년을 전후로 대구에서 거주하던 허종은 김응섭·김시현金時鉉·허규許珪·한양이韓良履·이원기李源祺·양한위梁漢緯·이원일李源一·김동진金東鎭 등과 교유하며 시국의 정보를 교환하였다.[242]

허종과 함께 활동한 신민회 회원 가운데 일헌一軒 허규許珪는 재종숙이었고, 이원기李源祺·이원일李源一·이원록李源祿(이육사) 등은 재종고종이었다.

허종은 1920년 9월 결성된 조선독립운동후원의용단朝鮮獨立運動後援義勇團에 가입하여 서로군정서西路軍政署의 독립 군자금 모집 활동을 펼치다가 1922년 12월 일제에게 붙잡혔다.[243] 조선독립운동후원의용단은 재외 독립운동 단체와 서로 호응하여 활동

---

241 신용하, 〈신민회의 창건과 그 국권회복운동〉, 《한민족독립운동사연구》, 을유문화사, 1985, 46쪽.

242 이동영, 〈임은 허씨의 항일운동〉, 앞의 책, 135~136쪽.

243 경북경찰부, 《고등경찰요사》, 1934, 208~211쪽.

하였던 독립운동 단체였다. 그 단원인 김찬규金燦奎·신태식申泰植·이응수李應洙 등이 경상도를 중심으로 단원을 규합하고 군자금을 모집하다가 잡혔고, 이때 함께 잡힌 허종은 2년의 옥고를 치렀다.[244]

허종은 청송 광덕廣德에서 수리간척水利干拓으로 전장田莊을 경영하였고, 대서업代書業과 운송업 사업에 종사하기도 하였다.[245] 이러한 허종의 창의성과 사업 자질은 그의 조부 허훈과 종조부 허위의 실학적 정신을 이어받은 것이기도 했다.

허종은 1945년 조국의 광복을 맞이하였으나 1949년 6월 사망하였다. 그의 아들은 대구시장을 역임한 홍산鴻山 허흡許洽이다.

2. 범산 허형 계열의 독립운동

1) 허형

범산凡山 허형許蘅(1843~1922)은 해초공海樵公 허희許禧의 장자이며, 시산是山 허필許苾의 형이다. 허훈·허겸·허위 등과는

---

244 심상훈, 〈1920년대초 조선독립운동후원의용단의 활동과 이념〉, 《안동사학》 8, 안동사학회, 2003, 241쪽.

245 경북경찰부, 《고등경찰요사》, 1934, 208~211쪽.

종형제간이다. 허형은 3남 1녀를 두었다. 장남 아정亞汀 허민許
墩은 군부주사軍部主事에 이어 내각 지제교知製教를 역임하였는
데, 명필로 고종의 어명으로 명정전明政殿과 명정문明政門의 현
판을 썼다. 차남은 일창一蒼 허발許坺이요, 삼남은 일헌一軒 허
규許珪로 독립운동에 헌신하였다. 딸 허길許佶은 진성이씨 이가
호李家鎬에게 출가하여 이원기李源祺·이원록李源祿(이육사)·이
원일李源一·이원조李源朝·이원창李源昌·이원홍李源洪을 낳았다.
육사 이원록은 저항시인이자 독립운동가로 유명하며, 이원기도
독립운동에 몸을 바쳐 건국포장을 받았다.[246]

　허형은 을사늑약 이후 오적암살사건에 연루되어 체포되었다.
1906년 3월 나인영·오기호 등이 오적 암살을 모의하다가 거사 계
획이 사전에 드러나 검거된 사건이다. 허형은 당시 군부대신 이근
택李根澤이 찔려 죽은 사건의 혐의를 받고 붙잡히게 되었다.[247]

　허위가 1908년 5월 체포되어 10월 순국하자 허위 일가의 국
내 활동은 불가능하였다. 따라서 허겸은 일제의 탄압을 피해
1912년 허위의 가족인 제수와 네 아들 및 두 딸을 데리고 서간
도 통화현 합니하哈呢河로 망명하였다. 허형의 경우에도 1915년

246　이동영, 〈임은 허씨의 항일운동〉, 앞의 책, 138쪽.

247　《대한매일신보》, 1906년 2월 25일, 〈許氏被捉〉.

아들 허발과 허규, 그리고 동생 허필의 가족과 함께 만주로 망명하였다.

1920년 일본군의 간도 출병 직후 허형은 아우인 허필의 가족을 비롯해서 종질인 허학과 허국 등 허위의 유족들을 데리고 서간도를 떠나 일제의 탄압이 미치지 않고 동포들이 많은 북만주로 이주하였다. 허위의 유족인 허학과 허국 등은 주하현珠河縣으로 이주하였고 허형의 가족들은 철령하鐵嶺河로, 허필의 가족은 요녕성 개원현開原縣 이가태자李家台子를 거쳐 흑룡강성 오상현五常縣으로 이사했다가 다시 1929년 봄 하얼빈 부근 빈현賓縣 가판참枷板站으로 이주하였다.[248]

허형은 1922년 10월 3일 향년享年 80세로 서거하였으며, 묘소는 만주 목단강牧丹江 사도구四道溝 자전산子前山에 있다.[249]

2) 허필

시산是山 허필許苾은 해초공海樵公 허희許禧의 둘째 아들이며,

---

248 이명영, 〈국운과 인간운명에 관한 사례연구〉, 《사회과학》 26, 성균관대학교 사회과학연구소, 1986, 121쪽; 장세윤, 〈허형식 연구〉, 《한국독립운동사연구》 7, 독립기념관 한국독립운동사연구소, 1993, 375쪽.

249 이동영, 〈임은 허씨의 항일운동〉, 앞의 책, 137~138쪽.

허형許蘅의 동생이다. 허필은 3남 2녀를 두었는데, 큰아들인 허보許堢는 1918년 만주에서 작고하였고, 둘째 아들인 허형식許亨植(초명 克, 1910~1943)은 만주에서 중국공산당 항일 유격대 제3로군 총참모장 및 북만성위 위원이었으며, 삼남 허규식許圭植(1916~1961)은 형 허형식과 함께 활동하였다. 또한 석주石洲 이상룡李相龍과는 사돈 간이다.[250]

허필은 허위의 의병 항쟁에 적극 가담했을 것으로 추정된다. 1915년 백형 허형, 조카 허발·허규와 함께 만주로 들어가 통화현에서 왕산 허위의 유족과 합류하였다.

1920년 일본군의 간도 출병 직후, 그는 종형 허겸과 허위의 유족, 그리고 형 허형 등과 함께 북만주로 이주하였다.

허필은 1920년대 직접 독립운동을 펼쳤다는 기록은 없지만, 직·간접적으로 독립운동에 연계되어 있었다. 그는 한학과 한의학에 상당한 조예가 있었기 때문에 한약방을 열어 가족들을 부양하는 한편, 독립운동 자금을 제공하기도 했다.[251]

허필은 1932년 서거하였다. 그의 묘는 하얼빈에 있다.[252]

---

250   이동영, 〈민족시인 이육사〉, 앞의 책, 59쪽.

251   장세윤, 〈허형식 연구〉, 《한국독립운동사연구》 7, 독립기념관 한국독립운동사연구소, 1993, 376쪽.

252   《금주허씨 임은파보》, 1987.

3) 허발

일창一蒼 허발許垅(1872~1955)은 허형許蘅의 둘째 아들이며, 허규許珪의 형이다. 슬하에 3남 1녀를 두었다.

허발은 허위의 의병 투쟁에 적극 가담하여 여러 가지 일을 맡았다. 1915년 동생 허규와 종형제들을 데리고 만주로 옮겨갔고, 통화

허발(왕산허위선생기념관 제공)

현에서 허위의 가족들과 합류하였다. 처음에는 통화현 당황구唐荒溝 만루산万壘山 중턱에서 산을 개간하여 농사를 지었다. 일족의 생계가 안정된 뒤, 종숙부인 허겸과 재종형 허학 등의 친지들과 함께 독립운동에 몸을 던졌다.

1919년 3·1운동이 남·북만주에서 번져나가자, 허발은 남만주 대표로 국내에 잠입하여 활동하다가 1920년 8월 다시 남만주로 돌아갔다. 1933년 국내로 잠입하여 활동하다가 대구경찰서에 잡히기도 하였다. 그가 경영하던 일창한약방一蒼漢藥房은 독립운동의 연락처였으며, 이상룡·김동삼 등과 친교가 두터웠다.[253]

---

253 이동영, 〈임은 허씨의 항일운동〉, 앞의 책, 141쪽.

허발의 묘는 대구 신암동 선열공원에 있다. 그가 남긴 1954년 〈종숙부왕산선생행장발從叔父旺山先生行狀跋〉에서는 허위 일가의 망명 경위와 행적을 살펴볼 수 있다.

〈종숙부왕산선생행장발從叔父旺山先生行狀跋〉

오호라! 선생이 이 세상에 계시지 않음이 이미 46년이라. 선생이 계시지 않음에 집과 나라가 함께 망했다. 조국이 일적日敵에 합병됨에 우리 가족이 자연 폐족廢族에 이르고, 또 자유가 없어지니 분한憤恨을 머금은 비통을 어찌 차마 말하리오. 동족 가운데도 적이 있어 일인日人의 악정 아래 성명을 보존하기는 만 가지로 생각해도 방책이 없었다. 종제 학學과 더불어 남몰래 상의하여 1909년에 아우 학學이 먼저 가권家眷을 거느리고 만주로 가고, 1910년 합방 뒤에 질녀姪女이 노인을 부호扶護하며 어린이를 데리고 남부여대男負女戴하여 하룻밤에 아무도 모르게 출발하니 지역을 벗어날 때 걸음마다 눈물이 옷깃을 적셨다. 조국의 청산을 등 뒤로 점점 멀리하고, 험난한 길을 모두 지나 남만주 통화현에 이르러 비로소 아우 학을 만나니 슬픔과 기쁨 그지없었다. 아우 학의 생활은 먼저 온 동족 동지들과 감고甘苦를 같이 겪으며 장래 방향이 정해진 바 없었다. 다시 더불어 상의하니 우리 가족 남녀노소가 몸소 삽을 잡아 농사를 지어 목숨을 보존하는 외에 다른 방도가 없었다. 농토를 힘껏 구하니 동현同縣 당황구唐荒溝 만루산萬壘山 속에 산전山田 얼마를 얻어 셋집 남녀가 콩을 심고 서속黍粟을 심어 근근이 지내니 사중구생死中求生을 면치 못했다. 1년을 지내고 당지 사회에 투신하다가 1919년 만세운동이 남·북만주에도 심했는데, 질姪은 남만주 대표로 조선에 나와 1년을 지냈다. 1920년 8월에 가만히 남만주로 돌아온즉, 내 아내는 내가 조선으로 나갔다는 이유로 영사관에서 잡아갔고, 다만 노약자만이 남았다. 아우 학壆에게도 착포령捉捕令이 내려져 학壆과 국壖이 가족을 이끌고 러시아로 도망가니 지금은 생사를 알지 못한다. 질姪은 남·북만주에서 머물다가 1933년 4월 귀국하여 대구 경찰서에서 엄청난 취조를 받았으며……(이하 생략)[254]

4) 허규

일헌一軒 허규許珪(1884~1957)는 허형의 셋째 아들이며, 허발의 아우이다. 어릴 때부터 한학을 배워 시에 능했고, 프랑스 외방선교회外邦宣敎會가 설립한 한성법어전문학교漢城法語專門學

---

254 이동영, 〈임은 허씨의 항일운동〉, 앞의 책, 142쪽.

校를 졸업하였다.

종숙인 허위가 의병을 일으키자 허규는 형제들과 함께 참여하여 의병을 모으는 격문을 냈다가, 일본 경찰에 붙잡혀 수개월의 옥고를 치렀다. 1919년 3·1독립운동 때에도 6개월의 고초를 겪었다. 1925년에는 광복회 사건에 연루되어 만주로 망명하였고 그곳에서 독립운동을 이어갔다. 그는 김규식金奎植·김구金九·안

허규(왕산허위선생기념관 제공)

재홍安在鴻·여운형呂運亨 등과 친교가 두터웠다. 1928년 대한민국 임시정부의 지령을 받고 군자금 조달과 동지 규합을 목적으로 국내에 몰래 들어와 활동하다가 검거되었다. 그 뒤 경성 형무소에서 5년 동안 옥고를 치르고 가석방되었다.

그 뒤에도 결사대의 비밀결사사건으로 서울 왕십리往十里에서 체포되어 1년 옥고를 치렀다. 그는 군자금 조달과 동지 규합을 위한 연락을 수행하였으며, 생질 이원기·이원록·이원일 등과 함께 독립운동에 참여하여 활동하였다.[255] 1935년을 전후하

---

255 이동영, 〈임은 허씨의 항일운동〉, 앞의 책, 142~144쪽.

여 허규는 세 차례의 시국 사범으로 복역하였다.

그는 1944년 8월 10일 서울에서 조직된 조선건국동맹朝鮮建國同盟의 상위 지도부에 이걸소李傑笑·최병철崔秉哲·이여성李如星·박승환朴承煥·김문갑金文甲·이상백李相佰·이만규李萬珪·이수목李秀穆·정재철鄭載轍 등과 함께 추대되었다. 조선건국동맹은 1940년대 일제의 탄압이 가중되던 상황에서 사회주의자들과 민족주의자들이 연합하여 조직한 비밀결사이다.[256]

1945년 해방이 되자, 허규는 건국준비위원회의 중앙위원으로 참여하였고, 1946년에는 김규식金奎植과 안재홍安在鴻의 공동 추천으로 남조선과도입법의원의 관선의원官選議員이 되었다. 특히 백범 김구와 통일 조국을 건설하고자 노력하였으나, 1950년 6·25전쟁이 있자 대구에 내려와 최준崔浚 등과 아양음사峨洋吟社를 창립하여 시회詩會를 열며 여생을 보냈다. 1957년 11월 별세하였고,[257] 묘는 경기도 양평에 있다.

5) 허형식

허형식許亨植(1909~1942)은 초명이 극克이며, 이희산李熙山 또

---

256 이만규,《여운형 투쟁사》, 총문각, 1946, 170쪽.

257 이동영, 〈민족시인 이육사〉, 앞의 책, 143쪽.

는 이삼룡李三龍이라는 별명을
쓰기도 했다. 허형식은 시산 허필
의 둘째 아들로, 형은 허보이며,
아우는 허규식(1916~1950)이다.

허형식은 1929년 중반부터 중
국공산당 북만특위北滿特委 및
조선공산당 만주총국에서 활동
하였고, 1930년 초 중국공산당
만주성위원회의 당원이 되었다.

허형식(왕산허위선생기념관 제공)

이때부터 북만의 한인 농민들
을 상대로 대중 사업을 전개하였다. 그는 1930년 5월 1일 '붉은
5월투쟁'에 참가하여 하얼빈 일본 총영사관 습격을 주도하였고
1930년 후반에는 대중 운동을 주도하다가 중국 공안 당국에
체포되었다. 그는 공산 분자라는 혐의로 심양 감옥에 수감되었
지만 1931년 12월 만주성위원회에서 구출하였다.

1932년 1월 허형식은 만주성위 빈현특별당지부賓縣特別党支部
선전위원의 직책을 맡아 반일동맹회·공산주의청년단·자위대 등
의 항일 단체들을 조직하여 반일 활동을 펼쳤다. 또 1933년 3월
탕원현湯原縣으로 가서 항일 유격대 창설을 지원하고, 1,400여 명
의 반일 회원을 모으는 데 성공하였다. 그 뒤 허형식은 주하현珠

河縣으로 돌아가 대중 조직화 사업에 뛰어들었다.

1933년 10월 주하반일유격대珠河反日遊擊隊가 창건되자, 허형식은 항일 선전과 항일 투쟁을 고취하여 항일 유격대의 활동을 지원하는 데 노력하였다. 이리하여 1934년 6월 동북반일유격대 합동지대哈東支隊 제3대대 정치지도원이 되었으며, 그해 가을에는 제1대대장이 되었다. 이때 그는 이희산李熙山이라는 가명을 썼다.

1935년 1월 말 당세와 유격구遊擊區의 확대에 힘입어 합동지대는 지방 청년의용군을 흡수하여 동북인민혁명군 제3군 제1독립사로 발전하였다. 허형식은 제3군 제2단의 단장이 되었고, 같은 해 9월 제3군 제3단 정치부 주임에 이어 1936년 초 제3군 제3사 정치부 주임이 되었다.

1936년 1월 중국 동북의 항일 부대는 동북항일연군東北抗日聯軍으로 재편성되어 항일민족통일전선이 실현되었다. 허형식이 소속된 동북인민혁명군 3군은 동년 8월 1일 동북항일연군 제3군으로 개편되었다. 이어서 그는 9월 중공당 북만임시성위원회北滿臨時省委員會 위원 겸 동북항일연군 제3군 제1사 정치부 주임이 되었다.

1936년 9월 중공당 주하珠河·탕원중심현위湯原中心縣委와 항일연군 3군 및 6군의 연석회의에서 확정된 활동 방침에 따라, 11월 허형식은 3군 1사 선전대를 이끌고 소흥안령산맥小興安嶺

山脈 부근의 철력현鐵力縣으로 진출하였고, 뒤따라온 3군 6사 및 9사 부대 200명과 합류하였다. 이후 그는 구도강九道崗·팔도강八道崗 등지에서 항일 선전과 대중 사업을 활발히 전개하는 한편, 일본군 및 만주국군의 연합 토벌대 300여 명과 격전을 벌여 큰 승리를 거두었다.

1937년 2월 허형식은 동북항일연군 의동판사처依東辦事處 주임에 임명되었고, 1937년 6월 제9군 정치부 주임을 거쳐 1938년 6월에는 동북항일연군 제3군 제1사 사장師長이 되었다. 이해 말까지 그는 해륜海倫·경안현慶安縣 등지에서 투쟁하였다. 1939년 1월부터 중공당 북만성위北滿省委 집행위원 겸 수해지구대표단漱海地區代表團 부지휘, 용남지휘부龍南指揮部 책임을 맡아 동북항일연군 제3군 제3·4지대와 독립 제1·2사를 지휘하였다. 4월 허형식은 동북항일연군 제3로군 총참모장 겸 제3군장에 임명되었고, 1940년 봄부터 동북항일연군 제3로군 총참모장 겸 12지대 정치위원으로 활동하며 북만주에서 항일 투쟁을 주도하였다. 1941년 초에는 참모장으로 제3로군을 지휘하였다.

1941년 중반 이후 북만주에서의 항일무장투쟁은 거의 불가능하게 되었다. 일제가 만주국 군경을 대거 동원하여 3로군을 집중 공격하였기 때문이다. 허형식은 생존한 제3로군 200여 명을 총괄 지휘하면서 대중 조직 사업과 유격전을 벌이면서 항일

투쟁을 독려하였다.

1942년 7월 말 곳곳을 돌아다니며 소분대의 활동을 지도하다가 8월 3일 아침 경성현慶城縣 청풍령靑風嶺에서 만주국 토벌대에 포위되어 격전을 벌이다가 장렬히 전사하였다. 그의 나이 겨우 33세였다.[258]

3. 허위 친인척의 독립운동

1) 허담

해여海黎 허담許燂(1850~1930)은 몽관夢舘 허회許繪의 아들이며, 태운공兌雲 허질許秷의 양자이다. 허위와는 삼종간이다.[259] 허담은 7세에 글을 배우기 시작하여 12세에 행시장편行詩長篇을 짓기에 이르렀다. 저술로 《효경여예孝經餘裔》와 《운옥영선韻玉英選》이 있고 문집 10권을 남겼는데, 학문으로 사림의

---

258 이명영, 〈국운과 인간운명에 관한 사례연구〉, 《사회과학》 26, 성균관대학교 사회과학연구소, 1986, 121쪽; 장세윤, 〈허형식 연구〉, 《한국독립운동사연구》 7, 독립기념관 한국독립운동사연구소, 1993, 375쪽.

259 《금주허씨 임은파보》, 1987.

칭송을 받았다.

을사늑약 이후 허위 등이 의병을 일으키자, 그는 오적의 죄를 성토하는 상소 〈토오적문討五賊文〉을 올리는 등 우국충정의 기개를 보였다.

〈토오적문討五賊文〉

엎드려 바라옵건대 종사宗社는 조종祖宗의 것이요, 생민生民도 조종祖宗의 것이라. 임금과 같이 높은 위치에 있어서도 남에게 집어줄 수가 없는 일이거늘 하물며 신하가 할 수 있겠습니까. 옛적에 송宋의 적인 진회秦檜가 화친을 주장하는 건의에 대해서도 대간종신諫從臣 여러 사람의 의논으로 가부可否를 결정하고 감히 일방적으로 처단할 수 없게 하였는데 이제 나라 대신의 자리에 있는 이지용·이근택·이완용·박제순·권중현 등이 옛날 진회도 못했던 노릇을 하려 함은 실로 진회에게도 죄인이 되는 것입니다. 저들은 종실의 지친이며 훈척勳戚의 집들로서 대대로 나라의 하늘 같은 은혜를 입고 군부君父의 소중히 여기는 바요, 조야朝野가 우러러보는 바로 우락憂樂을 같이할 처지에서 국은에 보답하려는 정성이 당연히 남보다 앞서야할 것입니다. 그런데 어찌 처음부터 하는 짓이 군부君父를 배반하고 저쪽 나라에 아부하여 국내의 기밀을 누설하고 조정에 나아간 인물을 참소로 모함하여 외국인으로 하여금 국재國財를 주판하게 하고 국정을 관여하게 합니까. 이제 국력이 기울고 국세가 위축함은 모두 이런 무리들이 내응하고 앞잡이 노릇을 하고 있는 까닭인즉 실로 국인國人들이 이를 갈고 격분하는 바로 통탄할 일입니다. 지난 10월 변작變作하던 날도 우리 임금님은 옥체의 안위安危를 돌보지 않고 용감하게 물리쳤습니다. 그런데 저 완악한 무리가 여러 차례 감히 지엄한 자리를 핍박하는 급한 형세에 즈음하여 대신에게 맡기심은 이 또한 물리치시는 뜻인데 어찌 인신人臣으로서 그런 약정을 공정할 수 있으리까. 만약 이치를 들어 저들을 책해 가로되 '이제 개화하는 세상에서 이익을 골고루 취하는 것이 만국 공공의 약속이라 한다면 이 약속을 어기고 너희들에게 이를 모두 돌려주면 너희 나라의 복이 되지 않겠는가. 또 우리가 우리 임금을 섬기는 것은 너희가 너희 임금을 섬기는 것과 같은 일이니 어찌 남의 신하가 되어서 내 임금을 배반하고 내 나라를 팔아먹을 것이냐. 나의 혀를 베고 나의 손을 끊을 수 있다고 하더라도 나의 도장은 찍을 수 없다'고 한다면, 이 말이 정언正言이요, 순리가 아니겠습니까. 저들 또한 스스로 양심에 돌아가서 감히 강요하지는 못할 것인데, 이렇게 하지 아니하고 문득 도장을 찍고 억지로 당한 일로 구실을 삼으니 한심한 일입니다.

난신적자가 예전에도 전혀 없었던 것은 아니나 오늘의 저 오적五賊과 같은 자들이 있으리오. 이 적을 베지 아니하면 국세는 다시 떨칠 수 없고, 사기士氣는 다시 소생할 수 없을 것이니 엎드려 바라옵건대 여러 군자께서는 충분忠憤의 의리로써 이 적들과는 불공대천不共戴天을 맹서하고 금월今月 모일某日에 일제히 모여서 이들의 죄상을 정확히 밝히어 오적으로 하여금 차례로 죄를 받게 함으로써 신명과 인간 분함을 씻게 하고자 하옵니다.

2) 이기영

이기영李起永(혹 起周, 1874~1918)은 본관이 전주이며, 충남 보령 출신으로 왕산 허위의 맏사위였다.

이기영을 비롯한 그 형제들은 경기도 양주에서 출생하여 충청도 목천(이기하)·청양(이기상)·보령(이기영) 등지에서 생활하였다. 상주에 거주하던 친척인 지산止山 이기찬李起燦이 김산의진의 창의장이 되자, 이기하는 김산의진의 군관으로 참여하였다. 이기상은 1907년 연천에서 창의하였던 허위의 비서를 역임하였다. 그리고 이기영은 허위의 사위가 되었고, 1912년 허위의 유족들과 함께 만주로 망명하였다.[260]

---

260 허은, 《아직도 내 귀엔 서간도 바람소리가》, 정우사, 2000.

백형인 이기하는 1896년 김산의진의 군관으로 참여했다는 행적 외에 구체적으로 드러난 바가 없다. 그러나 둘째 형인 이기상은 1907년 허위의 비서로 활동하다가, 1908년 서울에서 의병의 총기 매매에 관여한 혐의로 체포되어 동년 6월 평리원平理院에서 이른바 내란죄로 유형流刑 7년을 받았다.[261]

1909년 8월에는 충남 청양에서 이용규李容珪 등과 함께 다시 의병을 일으켰다가 김창식金昌植 등과 함께 체포되었다.[262] 1913년 9월에 이르러 그는 임병찬林炳瓚이 주도한 독립의군부獨立義軍府에서 활동하였다.

독립의군부는 1912년 9월 고종의 밀조에 따라 임병찬을 중심으로 조직된 독립운동 단체로, 최익현崔益鉉·허위·이인영 등 유력한 의병장을 계승한 유생들이 조직하였다. 그 편제를 보면, 중앙에 중앙순무총장中央巡撫總將, 각 도道에 도순무총장道巡撫總將, 각 군郡에 군수郡守, 면面에 향장鄕長을 배치한 전국적인 조직임을 알 수 있다.

독립의군부는 1914년 5월 일본 내각 총리대신과 총독 이하 대소 관리에게 국권 반환을 요구하는 투서를 보내는 동시에 일

---

261 독립운동사편찬위원회, 《독립운동사자료집》 별집 1, 1974, 124~125쪽.

262 독립운동사편찬위원회, 《독립운동사자료집》 2, 1971, 342쪽.

본 군병의 철수를 요구하는 전화를 걸고, 태극기를 게양한다는 계획을 세웠다.

1914년 5월 23일 김창식金昌植·이기영李起永(또는 이기주)·강봉주姜鳳周·이용철李容轍·정철화鄭哲和·조중구趙重九·김현각金顯珏·류병심柳秉心·윤호尹浩·신규선申奎善·윤이병尹履炳 등이 붙잡히자 국권 회복을 목적으로 한 독립의군부의 조직과 계획은 실패하고 말았다.[263]

이기영은 1912년 허위의 유족들과 함께 만주로 망명하였다가, 독립의군부 사건으로 그의 형 이기상, 동지 김창식 등과 함께 붙잡혀 징역 10년을 선고받았고 옥중에서 순국하였다.[264]

3) 이육사 형제

이육사李陸史(본명 李源祿)와 형인 이원기李源祺, 동생 이원일李源一·이원조李源朝·이원창李源昌·이원홍李源洪은 안동군 도산면 원촌동 881번지에서 태어났다. 이들 6형제는 퇴계 이황의 13대손인 아은亞隱 이가호李家鎬와 허형許蘅의 딸 허길許佶의 아

---

263 大正 4년 7월분, 〈형사재판원본〉, 경성복심법원(정부기록문서 번호 97, 연도 1986).

264 국가보훈처, 《독립유공자공훈록》 15, 309쪽.

들들이다.[265]

육사 이원록의 가계도

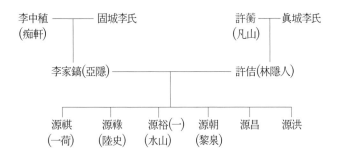

이육사의 조부 치헌痴軒 이중직李中稙(1847~1916)은 장릉참봉
章陵參奉으로 1903년 판임관判任官,[266] 1904년 8월경 조직된 충의
사忠義社의 사원,[267] 1909년 12월 예안의 도산서원에 설립된 보
문의숙寶文義塾의 초대 숙장塾長이 되었다. 이중직은 일찍부터
가학으로 다섯 손자들을 사숙하였고, 손자 이원기와 이원록을

---

265 《진성이씨 원촌파 세보》에는 여섯째인 源洪이 누락되어 있다. 이
　　것은 원홍이 19세에 요절하였기 때문이다.

266 〈교지〉(광무 7년 5월 16일).

267 여중룡, 〈충의사 서명록〉,《남은선생유집》권2.

보문의숙에 입학시켜 신교육을 받도
록 하였다.[268]

이육사의 아버지 이가호(1878~
1941)는 1905년 양주군수에 천거되었
으나 나아가지 않았다고 한다.[269] 어
머니 허길은 선산 임은 출신 허형의
딸이다. 허형은 의병장 허훈·허겸·
허위와 4촌간이었다. 허형·허훈 등
은 모두 예안의 진성이씨 집안으로
딸이나 손녀들을 시집보내 중첩적인
혼인 관계를 맺고 있었다.[270]

이육사 어머니 허길
(이육사문학관 제공)

이육사의 집안은 1916년 조부 치헌공이 별세하면서 가세가
기울기 시작하였고, 안동군安東郡 녹전면祿田面 신평동新坪洞,
속칭 듬벌이로 이사하였다. 1920년 원기가 결혼하여 대구에 살
림을 차리면서 이원록·이원일 등도 대구로 이사를 했다. 이원

---

268 이동영, 〈순국의사 일하 이원기선생〉, 《한국독립유공지사열전》,
     육우당기념회, 1993, 34쪽.

269 이동영, 〈순국의사 일하 이원기선생〉, 위의 책, 34.

270 〈가계도〉, 《국역방산전집》, 성균관대학교 대동문화연구원, 1983,
     912쪽.

일은 한동안 석재石齋 서병오徐丙五에게 그림을 배웠다.[271]

일하一荷 이원기李源祺(1899~1942)는 1911년 보문의숙이 폐교된 뒤 도산공립보통학교를 졸업하였다. 1916년 6월 부인 안동권씨가 죽자, 인동장씨 장희학張希鶴의 딸과 결혼하여[272] 대구에서 살림을 시작하였다. 그는 대구에서 부모를 모시고 동생들을 거느리며 어려운 살림을 맡았고, 독립운동에 투신한 동생들을 후원하기도 했다. 그는 아우 이원록·이원일과 함께 1925년 9월 북경을 다녀온 성주의 이정기李定基에게서 중국에서 벌어지고 있는 독립운동에 관한 설명을 듣고 비밀결사 암살단을 조직하였으며, 의열단 등 재만 독립운동 단체의 국내 활동을 후원하였다. 1927년 10월 장진홍張鎭弘의 조선은행 대구지점 투탄의거에 관여했다는 혐의로 아우 이원록·이원일·이원조와 함께 옥고를 치렀다.[273]

이육사(1904~1944)는 조부에게서 한학을 배우고 보문의숙을 거쳐 도산공립보통학교를 1회로 졸업하였다. 그는 17세에 대구로 나와 18세가 되던 1921년 봄 부친의 뜻에 따라 영천군

---

271   김희곤, 〈이육사와 의열단〉, 《안동사학》 1, 안동사학회, 1994, 5쪽.

272   《진성이씨 원촌파 세보》.

273   이동영, 〈순국의사 일하 이원기선생〉, 앞의 책, 35쪽.

불국사에서 이육사와 친척들(이육사문학관 제공)

永川郡 오동梧洞 안종락安鏞洛의 딸 안일양安一陽과 결혼하고 형 이원기의 집에서 살림을 시작하였다.

1922년 영천군 화북면 백학학교白鶴學校(전 白鶴書院)에서 이명선·서만달·백기만 등과 반 년 넘게 같이 공부하였고, 9개월 동안 교편을 잡기도 하였다.[274] 그해에 대구 교남학교嶠南學校에 입학하여 얼마동안 다녔다.[275]

1923년 대구 남산동 662번지로 이사한 뒤 약 1년 동안 일본

274 이동영, 〈민족시인 이육사〉, 앞의 책, 61쪽.

275 김진화, 《일제하 대구의 언론연구》, 영남일보사, 1978, 139쪽.

에 다녀왔다. 일본에서 그는 도쿄東京 세이쇼쿠 예비학교正則予
備學校와 니혼 대학日本大學 문과 전문부를 다니다 병을 얻어 퇴
학하였다.[276] 관동대지진 이후 1924년 귀국하여 대구 조양회관
朝陽會館에서 신문화 강좌에 참여하며 문화 활동을 벌였다.

1925년 9월 북경을 다녀온 이정기李定基에게서 중국에서 벌
어지고 있는 독립운동에 관한 설명을 듣고 비밀결사 암살단을
조직하였다. 1926년 봄 이정기와 함께 북경으로 가서 중국대
학에 입학하였다고 한다.[277] 그는 7월에 남형우南亨祐와 배병현
裵炳鉉에게 암살단의 조직과 국내의 정황을 알리고 9월에 일단
귀국했다가, 11월에 재차 북경으로 가서 그들과 함께 독립운동
의 방법에 대해 논의했다고 한다.[278]

그 뒤 이육사는 1927년 4월 유호한국혁명동지회留滬韓國革命
同志會에 참가하는 등 사회주의에 접근하기도 하였으나, 중산
대학을 중퇴하고 1927년 8월 귀국하였다.[279]

276　조선총독부경무국, 〈軍官學校ノ眞相〉, 《韓國民族解放運動史資料叢書》 3,
　　　1988, 125쪽; 김정명 편, 《조선독립운동》 II(민족주의운동편), 524쪽.

277　조선총독부경무국, 〈軍官學校ノ眞相〉, 위의 책, 1988, 125쪽; 이
　　　동영, 〈민족시인 이육사〉, 위의 책, 62쪽.

278　〈대구 조선은행 폭탄사건 예심결정서〉(이동영, 앞의 책, 51~52쪽).

279　김희곤, 〈이육사와 의열단〉, 《안동사학》 1, 안동사학회, 1994,

귀국 직후인 1927년 10월 이육사는 장진홍의 조선은행 대구 지점 투탄의거에 연루되었고, 이원기·이원일·이원조 등의 형제들과 검거되어 2년 가까이 감옥에서 보냈다. 감옥에서 풀려난 이육사는 《중외일보中外日報》 기자로 활동을 시작하였으나, 일제의 감시가 늘 따랐다.[280] 1930년 11월 또 다시 '대구격문사건'에 연루된 이육사는 배후 조종자라는 죄목으로 동생 이원일과 함께 체포되어 6개월의 옥고를 치렀다.[281]

수산水山 이원일李源一(일명 源裕, 1906~?)은 일찍부터 형들과 함께 독립운동에 관여하였다. 1927년 10월 장진홍의 조선은행 대구지점 투탄의거에 관여했다는 혐의로 이원기·이원록·이원조 등의 형제와 함께 붙잡혀 옥고를 치렀다. 1930년 11월 둘째 형 이육사와 '대구격문사건'에 연루되어 붙잡히기도 했다.[282] 그는 대구에서 석재 서병오의 가르침을 받고, 서화에도 일가를 이루었다.

여천黎泉 이원조李源朝(1909~1955)는 할아버지 이중직에게

　　7~8쪽.

280　김진화, 《일제하 대구의 언론연구》, 영남일보사, 1978, 140쪽.

281　이동영, 〈민족시인 이육사〉, 앞의 책, 65쪽.

282　이동영, 〈순국의사 일하 이원기선생〉, 앞의 책, 35쪽.

한문을 배웠으며, '장안삼재長安三才의 한 사람'으로 손꼽히는 위당僞堂 정인보鄭寅普의 문하에서 공부하였다. 1926년 대구 교남학교嶠南學敎(제5회)에서 수학하였으며, 1931년 도쿄 호세이대학法政大學 불문학과를 졸업하였다. 1931년 귀국 뒤 파리강화회의(1919) 대표단의 한 사람이었던 이관용李灌鎔의 딸과 혼인하였다. 이원조는 1927년 10월 장진홍의 조선은행 대구지점 투탄의거에 관여했다는 혐의로 이원기·이원록·이원일 등의 형제와 함께 붙잡혔다가 석방된 바 있고, 일본 유학 시절에도 1개월동안 구금되는 등 민족운동에 투신하였다.[283]

이원조는 일제 치하에서부터 해방 공간에 걸친 시기에 문학평론가로서 다양한 비평 활동을 했다. 그는 1928년 《조선일보》 신춘문예 시 부문에 입선하였고, 1929년 소설 부문에서 선외가작選外佳作으로 뽑히기도 하였다. 1935년부터 1939년까지 《조선일보》 학예부 기자로 일하며, 학예부장을 맡는 등 언론인으로 활동하였다. 해방 뒤에는 '조선문학가동맹朝鮮文學家同盟'을 조직하여 초대 서기장을 맡았다. 그뿐만 아니라 《현대일보》의 주필을 역임하는 한편, 서울대학교 문과대학에서 '소설론'을 강의하기도 하였다. 1947년 말 이원조는 임화林和·김남천金南天

---

283 이동영, 〈문학평론가 여천 이원조〉, 앞의 책, 95~96쪽.

등과 함께 월북하여 중앙본부 선전선동부 부부장, 《해방일보》
의 주필을 역임하기도 하였다. 1953년 남로당 숙청에 연루되어
투옥, 1955년 옥사하였다고 한다.[284]

이원창李源昌(1914~?)은 1944년 1월 이육사가 북경 주재 일
본총영사관 감옥에서 옥사하자 그 유골을 인수해왔다. 그는
1946년 인천 송현동 집에서 대상을 지내고, 셋째 아들 이동박
李東博을 이육사의 후사로 삼았다.

이육사와 그 형제들은 국내외에 걸친 의열 투쟁과 문학 활
동을 통해 민족의식을 고취한 독립운동가이며 문인으로 뚜렷
한 족적을 남겼다. 한말의 역사적인 격동기에 이육사와 그 형
제들은 태어났다. 조부 이중직의 신교육에 대한 관심과 근대
사상의 수용, 그리고 예안의병장 향산響山 이만도李晩燾와 같은
우국지사들에게 큰 영향을 받았다.

한편 이육사와 그 형제들의 민족의식은 외숙인 허규나 외삼
종형 허종 등 외가의 영향도 많이 받았다. 외조부 허형은 의병
장으로 상주 목사 이만원李晩綏의 사위였다. 그 종형제인 허훈·
허겸·허위 등은 을미의병 때에 진보와 김천 등지에서 창의한
의병장으로 영남 유림의 중망을 받고 있던 인사들이었다. 또

---

284 이동영, 〈문학평론가 여천 이원조〉, 앞의 책, 96쪽.

외종조부 허필은 을사늑약 이후 창의에 참여하였다가 1915년 형 범산과 조카 허발·허규 등과 함께 만주로 망명하여 독립운동을 펼쳤다.

이와 같이 이육사와 그 형제들의 민족의식 형성에는 본가와 외가의 영향이 컸다. 이원기를 비롯하여 육사의 형제들은 1925년 이전부터 외숙들과 연락하며 당시 활발하게 이루어지던 국내외 독립운동에 관련을 맺고 활동하였다.[285]

---

285 권대웅, 〈육사와 그 형제의 민족운동〉, 《이육사의 독립운동과 민족문제 인식》, 이육사탄신100주년기념 독립운동사 학술회의 자료집, 2004.

부록

旺山 許蔿 年譜

구분	행적
1855년(1세)	○ 1855년(철종 6) 4월 2일 경북 선산군 구미면 임은 리에서 부 허조와 모 진성이씨 사이에서 4형제 훈·신·노·위 가운데 막내로 태어나다.
1861년(7세)	○ 숙부 허희와 맏형 허훈에게 글을 배우다.
1865년(11세)	○ 少微家塾通鑑節要의 인물을 비평하다.
1869년(15세)	○ 순천박씨 박수현의 딸과 혼인하다.
	○ 사서삼경을 독파하다. 사서와 《육도삼략》 등 천 문·지지·산수에 많은 연찬을 하다.
1870년(16세)	○ 선산 동락서원에 있는 부지암정사에서 장복추가 주도하는 강회에 참석하다.
1872년(18세)	○ 어머니 진성이씨가 별세하다.
1876년(22세)	○ 부인 순천박씨를 상처하다. 딸 하나를 두었다.
1878년(24세)	○ 평산신씨 신재영의 딸과 재혼하다.
	○ 두 딸과 네 아들 허학·허영·허준·허국을 두다.
1881년(27세)	○ 아버지 청추헌이 별세하다.
	○ 아버지를 여읜 뒤 학문에 전념하다.
1880~1890년 (30대)	○ 1890년 전후 진보 신한에서 전장을 경영하며 경세 학을 실천하다.
	○ 벽도 양제안을 만나다.
1894년(40세)	○ 선산 임은에서 진보로 이거하다.
1896년(42세)	○ 3월 29일 허위 김산에서 창의하다.
	○ 4월 초 허훈 진보에서 창의하다.
	○ 4월 2일 관군에게 패하다.
	○ 4월 7일 직지사에서 재기하다.
	○ ? 진천에서 군대를 해산하다.
	○ 5월 13일 청나라에 원군을 요청하기로 하다.
	○ ? 허위는 진보로 가서 은거하다.

1898년(44세)	○ 박상진을 제자로 받아들이다.
	○ 3월 이건석 등과 더불어 구국 상소를 올리다.
	○ 復讐疏廳을 만들고 황국협회에 참여하다.
1899년(45세)	○ 2월 1일 환구단 참봉으로 입시하다.
	○ 2월 6일 영희전 참봉이 되다.
	○ 2월 22일 소경원 奉事가 되다.
	○ 4월 4일 성균관 박사가 되다.
	○ 4월 27일 성균관 박사에서 면관되다.
1903년(49세)	○ 4월 20일 송수만·윤이병 등과 〈論時事疏〉를 올리다.
	○ 6월 송수만·윤이병 등과 제일은행권 유통저지운동을 벌이다.
	○ 10월 승훈랑이 되다.
1904년(50세)	○ 4월 1일 일본공사 隨員이 되다.
	○ 4월 3일 통훈대부·중추원 의관이 되다.
	○ 5월 11일 통정대부(정3품)가 되다.
	○ 5월 16일 중추원 의관 허위와 이상천이 의원면직되다.
	○ 5월 28일 평리원 수반판사(정3품)가 되다.
	○ 6월 10일 사직 겸 言事疏를 올리다.
	○ 6월 13일 다시 시무하다.
	○ 6월 25일 배일격문을 올려 대신·유생들과 황무지 개간 요구에 대해 반대하다.
	○ 6월 28일 배일의거통유문(허위·이상천·박규병 등)을 올리다.
	○ 7월 17일 평리원 판사 허위 이하의 이름으로 된 일본 배척의 불온 격문이 영변·안주 등지에 배포되다.

1904년(50세)	○ 8월 3일 평리원 판사 허위를 서리재판장사무에 발령하다. ○ 8월 6일 평리원 재판장서리 허위씨가 積滯한 獄案을 疏決하다. ○ 8월 10일 평리원 판사 허위를 의정부 참찬에, 이상천을 평리원 판사에 임명하다. ○ 8월 국가의 폐단을 고칠 10가지 조목의 개혁안 건의하다. ○ 8월 19일 평리원 판사 허위의 평리원 재판장 서리 사무를 解免하다. ○ 8월 충의사에 참여하다. ○ 8월 말 일본군 사령부를 방문하여 철도 역부 모집 문제의 피해를 거론하다. ○ 10월 초 백동화 개혁에 대해 반대하다. ○ 10월 27일 의정부 참찬 허위 등을 관제이정소 의정관에 差下하다. ○ 9월 대한협동회 활동을 주도하며, 황무지 개간 반대운동을 벌이다. ○ 11월 〈성토일진회서〉를 발하다. ○ 12월 6일 공진회를 창설하였는데, 그 배후는 신기선·이용태·허위 등이다. ○ 12월 정우회를 조직하다. ○ 12월 허위의 형 허겸이 일진회 타파를 목적으로 삼남으로 출발하다.
1905년(51세)	○ 1월 7일 사직소를 올리고 의정부 참찬을 사직하다. ○ 1월 8일 참찬에서 체임되다. ○ 1월 18일 관제이정소 의정관(정3품)에서 해임되다. ○ 1월 일본을 배격하는 격문을 발하다.

1905년(51세)	○ 3월 1일 비서원승에 임명되다.
	○ 3월 2일 의정부 참찬(정3품)에 임명되다.
	○ 3월 9일 주한 일본 공사 林權助는 〈한일의정서〉를 성토하고 매국적신의 사형 등을 주장한 최익현과 허위를 엄중 처리토록 요구하다.
	○ 주한 일본군 사령관 長谷川好道는 최익현과 허위를 일본군 헌병대에 구금하여 조사한 뒤 돌려보내다.
	○ 3월 10일 일본 공사관 통역관 鹽川이 허위를 일본 공사관으로 초청하여 배일운동이 국교를 방해하는 것이라 하고 사직하고 下鄕할 것을 요구하다.
	○ 3월 11일 일본군 헌병대장이 최익현·김학진·허위 등을 잡아 가두고 일본을 비난하고 배척한 것을 힐문하다.
	○ 주한 일본군 사령관 長谷川好道가 최익현과 허위를 일본군 헌병대에서 구금하여 조사하다.
	○ 3월 12일 외부대신 이하영이 주한 일본 공사 林權助에게 최익현·허위 두 사람을 즉시 還家시킬 것을 요구하다.
	○ 비서원 승지에서 해임되다.
	○ 3월 13일 외부대신 이하영이 주한 일본 공사 林權助에게 다시 최익현과 허위를 석방할 것을 요구하다.
	○ 3월 14일 외부대신 이하영이 주한 일본 공사 林權助에게 김학진과 허위를 즉시 석방할 것을 재촉하다.

1905년(51세)	○ 7월 13일 석방되다.
	○ 7월 13일 대한제국의 주권 회복을 부르짖는 상소를 올리다.
	○ 7월 19일 경부철도로 경북 선산으로 추방되다. 지례의 두대동에서 일제의 감시 아래 은거하다.
1906년(52세)	○ 3월 전후 정환직과 창의를 논의하다. 정환직 영천에서 산남의진 결성하다.
	○ 6월 26일 여중룡·이강년·우용택·이병구 등과 의병을 논의하다.
1907년(53세)	○ 3월 25일 대동흥학회에 참석하다.
	○ 9월 경기도 연천에서 창의하다.
	○ 9월 20일 철원읍 우편취급소를 공격하다.
	○ 10월 13일 연기우 등과 함께 의병 300명을 거느리고 철원읍을 습격하다.
	○ 10월 18일 의병 300명을 거느리고 안협읍을 기습하다.
	○ 10월 19일 이완용이 허위의 체포를 명하다.
	○ 10월 하순 전국 인민과 각국 영사관에 보내는 격문을 발하다.
	○ 11월 8일 마전 전투를 치르다.
	○ 11월 하순 13도창의군을 조직하여 전국 각지 의병장들에게 격문을 발송하고, 각국 영사관에 선언문을 발송하다.
	○ 12월 13도창의대진소를 조직하다.
1908년(54세)	○ 1월 하순 서울진공작전을 벌여 의병장 허위가 결사대 300명을 이끌고 동대문 밖 30리까지 진격하였다.

1908년(54세)	○ 2월 7일 ~ 5월 8일, 경기도 파주·적성·연천·철원 등지에서 활동하다.
	○ 3월 18일 허위의 의병 부대 30여 명이 연평산에서 적성수비대와 접전하다.
	○ 3월 의병장 허위가 경북 徐丙五의 집에서 일시 체류하다.
	○ 4월 21일 이강년·이인영·류인석 등과 연명하여 13도에서 기병하라는 통문을 발송하다.
	○ 5월 통감부에 30여 개의 요구 조건을 제시하다.
	○ 6월 11일 포천군 일동면 유동리에서 체포되다.
	○ 6월 17일 의병장 허위 경성으로 호송되다.
	○ 7월 16일 평리원에서 제3차 심문을 받다.
	○ 9월 18일 사형 선고를 받다.
	○ 10월 21일 교수형으로 순국하다.
1909년	○ 5월 지천 방암산 선영 아래쪽 未坐에 장사하였다.
1958년	○ 왕산선생기념사업추진위원회를 조직하고 유집 간행을 촉진하다.
1959년	○ 11월 2일 서울시민회관에서 추도회를 거행하다.
1962년	○ 건국훈장 대한민국장을 추서하였다.
	○ 대구 달성공원에 순국기념비를 세웠다.

참고문헌

1. 자료

《황성신문》/《대한매일신보》/《대한일보》.

《고종시대사》/《주한일본공사관기록》/《일성록》/《법부거래안》/《각사등록》
(근대편).

《金州許氏林隱派譜》(1987)/《眞城李氏遠村派世譜》.

《旺山先生文集》.

《國譯許蔿全集》(亞細亞文化社, 1985).

《國譯舫山全集》(성균관대학교 대동문화연구원, 1983).

《可川集》單(申相翼).

《樵云遺稿》(李炳九, 필사본).

《梁碧濤公濟安實記》(梁漢緯, 필사본).

《赤猿日記》(필사본).

《碧山先生倡義顚末》(金道鉉).

《甲午·丙申日記》(呂中龍, 필사본).

《世藏年錄》(김천화순최씨가전일기, 필사본).

《山南倡義誌》(上·下, 1947).

〈고광복회총사령고헌박상진씨의 약력〉(필사본, 1960).

이관구, 《의용실기》, 1952.

송상도, 《기려수필》, 국사편찬위원회, 1974.

민용호, 《관동창의록》, 국사편찬위원회, 1984.

허은, 《아직도 내 귀엔 서간도 바람소리가》, 정우사, 2000.

김정명 편, 《조선독립운동》 Ⅰ·Ⅲ, 원서방, 1967.

독립운동사편찬위원회, 《독립운동사자료집》 2, 1971.
국사편찬위원회, 《한국독립운동사자료》 자료8 · 19, 1979 · 1990.
국가보훈처, 《독립유공자공훈록》(제1권).
국회도서관, 《한국민족운동사료》(3 · 1운동사료기3), 1992.
한홍구 · 이재화 편, 《한국민족해방운동사자료총서》 3, 1988.
충북학연구소 · 김대길 편, 《영동 애국지사 이건석 자료집》, 2004.
조선총독부 경무국, 《폭도사편집자료》, 1909.
小林德郎, 《明石元二郎》上卷, 1928.
경북경찰부, 《고등경찰요사》, 1934.
조선총독부 경무국, 《국외에 있어서 용의조선인명부》, 1934.

2. 저서

박은식, 《한국통사》, 1944.
박은식, 《한국독립운동지혈사》, 1946.
채근식, 《무장독립운동비사》, 공보처, 1949.
김승학, 《한국독립사》(상 · 하권), 1965.
조재곤, 《보부상》, 서울대학교출판부, 2003.
외솔회, 《나라사랑》 27(왕산 허위 특집호), 1977.
경기도사편찬위원회, 《경기도항일독립운동사》, 1995.
김희곤외, 《왕산 허위의 나라사랑과 의병전쟁》, 구미시 · 안동대학교박물
　　　관, 2005.
권대웅, 《1910년대 국내독립운동》, 독립기념관 한국독립운동사연구소,
　　　2008.
권대웅 · 권영배, 《경북독립운동사》 I (의병편), 경상북도, 2012.
김진화, 《일제하 대구의 언론연구》, 영남일보사, 1978.
이동영, 《한국독립유공지사열전》, 육우당기념회, 1993.

3. 논문

권대웅, 〈한말 재경 영남유림의 구국운동〉, 《일제의 한국침략과 영남지방의 반일운동》, 한국근대사연구회, 1995.

권대웅, 〈육사와 그 형제의 민족운동〉, 《이육사의 독립운동과 민족문제 인식》, 이육사탄신100주년기념독립운동사학술회의, 2004.

권대웅, 〈김산의진고〉, 《윤병석교수화갑기념 한국근대사논총》, 윤병석교수화갑기념논총간행위원회, 1990.

권대웅, 〈한말 영남유학계의 의병활동〉, 《한말 영남유학계의 동향》, 영남대학교 민족문화연구소, 1998.

권대웅, 〈한말 김천지역의 국권회복운동〉, 《한국독립운동사연구》 21, 2003.

권대웅, 〈고헌 박상진의 생애와 독립운동〉, 《동학연구》 28, 한국동학학회, 2010.

권영배, 〈'유문'을 통해 본 허위의 구국론과 의병항쟁〉, 《왕산 허위의 사상과 구국의병항쟁》, 금오공과대학교 선주문화연구소, 1995.

권영배, 〈한말 '의병문서'를 통해 본 중기의병항쟁의 논리와 성격〉, 《조선사연구》 4, 1995.

권영배, 〈격문류를 통해 본 구한말 의병항쟁의 성격〉, 경북대학교 박사학위논문, 1995.

김희곤, 〈이육사와 의열단〉, 《안동사학》 1, 1994.

김대길, 〈성석 이건석의 생애와 국권수호운동〉, 《충북학》 5, 2003.

박영석, 〈대한광복회 연구: 박상진제문을 중심으로〉, 《한국민족운동사연구》 1, 1986.

신영우, 《갑오농민전쟁과 영남 보수세력의 대응》, 연세대학교 박사학위논문, 1991.

신용하, 〈왕산 허위의 제2차 의병활동〉, 《왕산 허위의 사상과 구국의병항쟁》, 금오공과대학교 선주문화연구소, 1995.

신용하, 〈허위의 의병활동〉, 《왕산 허위의 사상과 구국의병항쟁》, 금오공과대학교 선주문화연구소, 1995.

신용하, 〈전국 '십삼도창의대진소'의 연합의병운동〉, 《한국독립운동사연구》 1, 1987.

신용하, 〈신민회의 창건과 국권회복운동〉, 《한민족독립운동사연구》, 을유문화사, 1985.

심상훈, 〈1920년대 초 조선독립운동후원의용단의 활동과 이념〉, 《안동사학》 8, 2003.

오세창, 〈왕산 허위의 항일의병운동〉, 《왕산 허위의 항일의병운동사》, 왕산허위기념사업회, 1985.

오세창, 〈벽도 양제안의 항일구국운동〉, 《윤병석교수화갑기념 한국근대사논총》, 1990.

오세창, 〈민족독립사에서 본 왕산 허위의 위치〉, 《왕산 허위의 사상과 구국의병항쟁》, 금오공과대학교 선주문화연구소, 1995.

왕산기념사업회, 〈왕산(旺山) 허위(許蔿) 해적이〉, 《나라사랑》 27, 외솔회, 1977.

이구용, 〈운강 이강년의 항일의병활동〉, 《강원사학》 7, 1991.

이명영, 〈국운과 인간운명에 관한 사례연구〉, 《사회과학》 26, 성균관대학교 사회과학연구소, 1986.

조동걸, 〈의병운동의 한국민족주의적 위치〉(상·하), 《한국민족운동사연구》 1·3, 1986.

장세윤, 〈허형식 연구〉, 《한국독립운동사연구》 7, 독립기념관 한국독립운동사연구소, 1993.

정제우, 《구한말 의병장 이강년 연구》, 인하대학교 박사학위논문, 1992.

최기영, 〈헌정연구회에 관한 일고찰〉, 《1900년대 애국계몽운동연구》, 1993.

찾아보기